Für „den Wäider", der mir stets mit Rat und Tat zur Seite stand,
der mit mir fachliche Inhalte diskutierte,
der durch sein Fragen neue Wege und Perspektiven auftat,
wenn ich mal „den Wald vor lauter Bäumen nicht sah"
und der die gesamte Formatierung dieser Arbeit vorgenommen hat.
Ohne ihn würde es dieses Buch nicht geben!

INHALT

ZU DIESEM BUCH – GRÜNDE UND GESCHICHTE DES ENTSTEHENS
(Margit Weidner)   8
VORWORT (Dietlinde Hedwig Heckt)   10
FOREWORD (Norm Green)   12

I	EINLEITUNG	13
1	Warum dieses Buch?	14
2	Erläuternde Kapitelübersicht	16
II	ZUR BEGRÜNDUNG KOOPERATIVER LERNFORMEN – DIE FRAGE NACH DEM „WARUM"	17
1	Verändertes Umfeld – veränderte Kinder und Jugendliche	18
	1.1 Aufbrechen von traditionellen Familienstrukturen	18
	1.2 Veränderungen von Werthaltungen und Erziehungsnormen – „Wertewandel"	19
	1.3 Allgegenwart der Medien	20
	1.4 Veränderungen der Wirtschafts- und Arbeitswelt	20
	1.5 Schulorganisatorische Gegebenheiten	22
	1.6 Kompetenzen, die Schüler heute und morgen brauchen	23
	1.7 Kooperatives und soziales Lernen als pädagogische Antwort	25
III	DIE KONZEPTIONELLEN BESTIMMUNGSSTÜCKE DES KOOPERATIVEN LERNENS – KOOPERATIVES LERNEN – WAS IST DAS?	27
1	Definition des Kooperativen Lernens	29
2	Kooperatives Lernen im Vergleich zu traditionellem Gruppenunterricht	30
3	Kooperatives Lernen – die acht wesentlichen Bestimmungsstücke auf einen Blick	32
4	Die drei Grundannahmen des Kooperativen Lernens	33
5	Die fünf Basiselemente des Kooperativen Lernens	34
	5.1 Soziale Fertigkeiten/Teamkompetenz	36
	5.2 Herstellen eines förderlichen Kommunikationsrahmens, der direkte Interaktion zulässt (Face-to-Face Interaktion)	47
	5.3 Übernahme persönlicher Verantwortung für Gruppenprozesse (Individual accountability)	47
	5.4 Positive gegenseitige Abhängigkeit (Positive Interdependence)	54
	5.4.1 Sequenz 1: Gemeinsames Ziel	56

	5.4.2	Sequenz 2: Anreiz	57
	5.4.3	Sequenz 3: Gemeinsame Materialien	58
	5.4.4	Sequenz 4: Übernahme verschiedener Rollen	59
	5.4.5	Sequenz 5: Bearbeitung komplementärer Teile	62
	5.4.6	Sequenz 6: Simulation	63
	5.4.7	Sequenz 7: „Kraft von außen"	64
	5.4.8	Sequenz 8: Sitzordnung/räumliche Umgebung	65
	5.4.9	Sequenz 9: Gruppenidentität	66
5.5	Bewertung/Evaluation (Processing)	66
	5.5.1	Zum Begriff Evaluation	66
	5.5.2	Wozu dient Evaluation?	67
	5.5.3	Wer sollte bewerten – Die Frage nach der Selbst- oder Fremdevaluation	67
	5.5.4	Die Rolle des Lehrers bei der Evaluation	67
	5.5.5	Beispiel für eine Strichliste	68
	5.5.6	Anleitung zum Umgang mit der Strichliste	70
	5.5.7	Beobachtungsbögen	70
	5.5.8	Die Rolle der Schüler beim Bewerten	72
	5.5.9	Auswahl von Bewertungsbögen	74

6	Prozessbetrachtung und -verbesserung beim Kooperativen Lernen mit dem „Lerntagebuch"	80

7	Missverständnisse in Bezug auf Kooperatives Lernen	88

IV	KOOPERATIVES LERNEN IN DER PRAXIS – PRAKTISCHE ANWENDUNG DES UNTERRICHTSMODELLS	91

1	Wann ist kooperativer Gruppenunterricht sinnvoll?	93
2	Welche schulischen Bedingungen erleichtern die Implementierung des Kooperativen Lernens?	96
	2.1 Der äußere Rahmen	96
	2.2 Der innere Rahmen	97

3	Erste Schritte bei der Implementierung des Kooperativen Lernens	98
4	Vermittlung von Sozialzielen im Unterricht	99
	4.1 Was ist der Sozialziele-Katalog (SoZiKa)?	100
	4.2 Welcher Ansatz liegt dem SoZiKa zugrunde?	100
	4.3 Welche Ziele verfolgt der SoZiKa?	102
	4.4 Wie ist der SoZiKa entstanden?	102
	4.5 Wie ist der SoZiKa aufgebaut?	104
	4.6 Die Charakteristika der SoZiKa auf einen Blick	113
	4.7 Die Arbeit mit dem Ziele-Center und dem Sozialziele-Katalog	114
	4.8 Anmerkungen zum Arbeiten an einheitlichen, verbindlichen Sozialzielen	116
	4.9 Exkurs zur Sozialfertigkeit „Respektvolles Verhalten"	118

5	Die Gruppe zum echten Team entwickeln – Teamfähigkeit, eine Schlüsselqualifikation für erfolgreiche, kooperative Gruppenarbeit	119
	5.1 Wo steht die Gruppe in ihrer Teamentwicklung?	121
6	Teambildende Maßnahmen	122
	6.1 Ziele und Anliegen teambildender Aktivitäten	122
	6.2 Möglichkeiten des Aufbaus von Gruppenidentität durch teambildende Maßnahmen	124
	6.3 Aktivität „Ich über mich"	125
	6.4 Aktivität „Ich – Du – Wir alle gemeinsam"	126
	6.5 Aktivität „Sich kennenlernen durch gegenseitige Interviews"	127
7	Rolle und Aufgaben der Lehrperson beim Kooperativen Lernen	128
	7.1 Bereich 1: Die strukturellen Rahmenbedingungen festlegen	129
	7.2 Bereich 2: Planen der Unterrichtseinheit	130
	7.3 Bereich 3: Beobachten und Unterstützen während der Arbeitsphase	132
	7.4 Bereich 4: Bewertung des Arbeitsprodukts und der Prozesse	132
	7.5 Die Rolle des Lehrers auf einen Blick	133
8	Gruppenbildung und gruppenbildende Aktivitäten	134
	8.1 Verschiedene Arten von Lerngruppen	134
	8.2 Aufbau erfolgreicher Basisgruppen	135
	8.3 Die verschiedenen Gruppierungen beim Kooperativen Lernen auf einen Blick	136
	8.4 Zur Gruppengröße	137
	8.5 Zusammensetzung der Gruppen	138
	8.6 Tipps und Hinweise für adäquates Gruppieren	139
	8.7 Gruppenbildende Aktivitäten	140
	8.7.1 Aktivität „Line up"	141
	8.7.2 Aktivität „Eckenplausch"	141
	8.7.3 Aktivität „Börsensturz"	142
	8.7.4 Aktivität „Allein … Zwei … Vier"	142
	8.7.5 Aktivität „Bube? … Dame? … König?"	143
	8.7.6 Aktivität „Puzzle-Quiz"	143
V	PLANUNG UND DURCHFÜHRUNG EINER KOOPERATIVEN LERNEINHEIT	145
1	Strukturschema einer kooperativen Unterrichtsstunde	146
2	Kooperative Unterrichtseinheit „Was kann man dazu tun, dass Gespräche förderlich verlaufen?"	147
3	Planungsbogen einer kooperativen Lerneinheit	157
4	Bögen zur Stundenreflexion	159

VI	METHODEN DES KOOPERATIVEN LERNENS	161
1	Eins, zwei, drei, vier ... wer drankommt, sagt der Zufall dir	163
2	Erst Denken allein – dann Abgleich zu zwein	163
3	Beginne ... und wechsle die Rolle	164
4	Runder Tisch	165
5	Das Drei-Schritt-Interview	165
6	„Platzdeckchen"	167
7	Partner-Check	168
8	Die Stammgruppen-Experten-Methode	170
9	Innerer – äußerer – Kreis	170
10	Galerie-Tour	171
11	Finde den, der die Antwort weiß ...	171
12	Team-Diskussion	173
13	Verschicke eine Aufgabe	173
14	Graffiti	175
15	4-S-Brainstorming	176
VII	KOOPERATIVES LERNEN IM GESAMTRAHMEN DER SCHULENTWICKLUNG	177
1	Zwei grundlegende Fragerichtungen	178
2	Exkurs Kooperatives und soziales Lernen an einer Schule zur Erziehungshilfe	180
VIII	LITERATURVERZEICHNIS	189

Zu diesem Buch – Gründe und Geschichte des Entstehens

Again and again I have seen greater long run efficiency, learning and liking of school in classrooms if teachers take time for teambuilding and classbuilding. When there is a positive team identity, liking, respect and trust among team members and classmates, there is a context within which maximum learning can occur.
Spencer Kagan 1990

Immer wieder werden heute in den verschiedensten Arbeitszusammenhängen Kompetenzen verlangt, die den erfolgreichen Umgang in sozialen Kleingruppen betonen. Team- oder Gruppenfähigkeit ist zu einer vielzitierten Schlüsselqualifikation geworden, die die Wirtschaft unmissverständlich einfordert.

In einer hochkomplex gewordenen Welt, in der sich der Wissensstand innerhalb weniger Jahre verdoppelt, sind andere Kompetenzen gefragt als individualistisches Einzelkämpfertum. Man hat die Erfahrung gemacht, dass übertriebene Spezialisierung und Zerstückelung von ganzheitlichen Arbeitsprozessen im Sinne des Taylorismus häufig wesentliche und wertvolle Teile der menschlichen Schaffenskraft ausblenden, wie Kreativität, Neugier, Wille zu Veränderungen, Verantwortung für das Ganze, Identifizieren mit der eigenen Arbeit. Auch im Bildungsbereich haben wir in den 70er Jahren unseren eigenen „schulischen Taylorismus" gezüchtet in Form eines oft gnadenlosen Fachlehrerprinzips: sechs oder sieben verschiedene Unterrichtsfächer pro Schultag bei ebenso vielen Lehrpersonen in mehreren unterschiedlichen Räumen.

Glücklicherweise hat man dieses System vielerorts abgeschafft, hat man doch inzwischen erkannt, dass eine solche – sicherlich mit guten Absichten – installierte „Rationalisierung" den Schüler/innen eher schadet als nutzt.

Über Jahre hinweg haben wir als Lehrkräfte hinter geschlossenen Türen Einzelkämpfertum gepflegt und unsere Schüler/innen zu Einzelkämpfern, oft auch zu Konkurrenten, herangebildet.

Es scheint jedoch zweifelhaft, ob dieses Modell angesichts tiefgreifender sozialer, gesellschaftlicher und wirtschaftlicher Umbrüche weiterhin Bestand haben kann. Unüberhörbar wird Kritik an der Schule geübt, die mit ihren traditionellen Methoden der Wissensvermittlung heutige Schüler/innen einfach nicht mehr erreicht, folglich auch nicht in ausreichendem Maße auf Berufseintritt und das „Leben draußen" vorbereitet.

Zu fragen ist, wie die Schule heute den Forderungen nach verstärktem, sinnmachendem, eigenverantwortlichem und ganzheitlichem Lernen nachkommt. Wie und wo schafft sie Möglichkeiten und Anreize zu sozialem Miteinander, auf welche Art und Weise bereitet sie auf Teamfähigkeit vor? Nach Meyer vollzieht sich heutiger Unterricht zu 80 % als Frontalunterricht, etwa 10 % bleiben Einzelarbeit vorbehalten, 3 % entfallen auf Partnerarbeit und nur 7 % auf Gruppenunterricht. Die traditionelle Belehrungskultur scheint ungebrochen. Doch ist sie geeignet, die gefragten kooperativen Qualifikationen zu vermitteln? Wenn man davon ausgeht, dass Gruppenfähigkeit – mit allen Verhaltensweisen, die inhaltlich diese

Sozialfähigkeit ausmachen – nicht wie andere fachliche Inhalte „gelehrt" werden kann, sondern praktisch handelnd erprobt und erworben wird, so hat dies eindeutige Konsequenzen für künftigen Unterricht: weg vom hohen Ausmaß belehrenden Frontalunterrichts hin zu verstärktem, aktiven, Lernen in Kleingruppen mit mehr Eigenverantwortlichkeit der Schüler/innen.

An unserer Schule zur Erziehungshilfe haben wir deshalb im Schuljahr 1996/97 begonnen, in einigen Klassen kooperative Lernformen in Kleingruppenarbeit als neue Lernmöglichkeit zu installieren. Wir machten nämlich zunehmend mehr die Erfahrung, dass unsere Schüler den Sechs-Stunden-Schulmorgen mit dem traditionellen Unterricht oft nur schwer überstanden. Insbesondere die letzten beiden Stunden wurden häufig zum nervenaufreibenden Szenario sowohl für die Schüler/innen als auch für die Lehrpersonen. „Den ganzen Morgen sitzen ist ätzend! Können wir nicht mal was anderes machen, als aus Büchern lernen und pauken?", war die unmissverständliche Rückmeldung etlicher Jugendlicher. Und wie häufig mussten wir unsere Schüler/innen ermahnen, nicht durch Reden oder „Schwätzen" mit Klassenkameraden den Unterricht zu stören. Die Rechtmäßigkeit oder Unrechtmäßigkeit solchen Verhaltens – je nach Sichtweise – lieferte mitunter Stoff für ausgedehnte, zermürbende Wortgefechte.

Wir machten uns schließlich auf die Suche nach methodischen Wegen und Möglichkeiten, die Lernsituation für unsere Schüler interessanter zu gestalten. Durch einen veränderten Unterricht wollten wir unseren Schülern dabei behilflich sein, Störungen und Auffälligkeiten zu vermindern und insgesamt wieder mehr Interesse und Spaß am Unterricht zu haben. Wir lernten in einem pädagogischen Arbeitskreis das Video „Die stille Revolution" von Reinhard Kahl über die innovativen Arbeitsweisen des Durham Board of Education aus Ontario, Kanada kennen (Gewinner des 1996 verliehenen, mit 300.000,– DM dotierten Preises der Bertelsmann-Stiftung für innovative Schulsysteme), wo wir für Schulbesuche und Summer Schools über Cooperative Learning des öfteren zu Gast waren. Die hier zum Ausdruck kommende ausgesprochene Schülerzugewandtheit, die Sichtweise „the teacher as a learner" als eindeutiges Bekenntnis zu „bei sich selbst anfangen" und lebenslangem Lernen anlässlich der Herausforderung des 21. Jahrhunderts und nicht zuletzt die Einbindung von Eltern sowie des schulischen Umfeldes beeindruckten uns nachhaltig.

Angetan waren wir vor allen Dingen vom aufgezeigten Modell des „Cooperative Learning", dem Herzstück des kanadischen Reformansatzes auf Unterrichtsebene. An und mit diesem Modell arbeiten wir seit nunmehr fast zehn Jahren. An vielen Stellen haben wir auf unsere Verhältnisse vor Ort hin Veränderungen vorgenommen, und so ist daraus im Laufe der Zeit „unser" Kooperatives Lernen geworden.

An dieser Stelle ergeht mein tiefer Dank an die Kanadier, an erster Stelle Norm und Kathy Green, dann an die Mitarbeiter des Durham Boards of Education Chris Ward, Kay Eagen, Doug Wilson, Ann Marie Laginsky, Rosemary Lloyd, Jim Craigen und viele andere mehr. Ohne ihr freundliches, unkompliziertes Entgegenkommen, ohne ihre Unterstützung und Ermutigung, wäre dieses Buch vielleicht nicht zustande gekommen.

Danken möchte ich auch Frau Dr. Heckt, die seit unserer ersten Begegnung großes Interesse für unsere Erfahrungen mit dem Kooperativen Lernen zeigte, mich zu Workshops nach Braunschweig einlud und mich zu meiner ersten Fachzeitschrift-Veröffentlichung ermutigte.

Margit Weidner, Heroldsberg

Vorwort

Es gibt pädagogische Ideen, die so nahe liegend sind, dass man sich fragt, warum man nicht längst darauf gekommen ist. Die Idee, Schülerinnen und Schüler in strukturierten Gruppenprozessen von- und miteinander lernen zu lassen, gehört dazu. Allerdings meint Cooperative Learning etwas anderes, als Kinder und Jugendliche nur an einen Gruppentisch zu setzen und dann mehr oder weniger gemeinsam lernen zu lassen. Es impliziert vielmehr ein langfristiges Konzept, das aus methodisch durchdachten Arbeitsformen, Feed-backs und Gruppengestaltungsprozessen besteht. Nichts daran ist so schwierig, dass es Lehrerinnen und Lehrer überfordern würde.
Beim Cooperative Learning haben wir es mit einem der überzeugendsten Lernkonzepte unserer Zeit zu tun. Es sorgt für ein hohes aufgabenbezogenes Aktivitätsniveau der Schülerinnen und Schüler und hat sich in diversen Studien als ausgesprochen lerneffektiv erwiesen (zusammenfassend Huber, Günter L.: Neue Perspektiven der Kooperation, Hohengehren 1993).
Es eröffnet Lehrerinnen und Lehrern trotz zunehmender Aufgabenverdichtung vielversprechende diagnostische und didaktische Freiräume, die sich im Klassenunterricht sonst nicht bieten. Und es fördert konsequent prosoziales Verhalten. Individualität entsteht in und aus der Zusammenarbeit. Unterschiedlichkeit wird reflektiert und als Aspekt gemeinsamer Lernprozesse konstruktiv genutzt.
Die Idee des Cooperative Learning beginnt, auch in Deutschland die pädagogische Diskussion um offene Lernsituationen zu ergänzen und weiterzuführen. Man könnte sagen, dass das Cooperative Learning eine Schwachstelle offener Ansätze reflektiert: die Qualität der nicht lehrerdominierten Lernprozesse von Schülerinnen und Schülern. Vor allem aber bietet es ein Methodenrepertoire, um aktive und effektive Lernprozesse für Schülerinnen und Schüler zu organisieren.
Wie aber lernen Lehrerinnen und Lehrer, so zu arbeiten? Einige, wie Margit Weidner, indem sie zur Fortbildung nach Kanada reisen, dort an Trainings und Workshops zum Cooperative Learning teilnehmen und die dort gesammelten Erkenntnisse und Erfahrungen auf deutsche Verhältnisse übertragen. Andere, indem sie einen der in Deutschland angebotenen Workshops aufspüren. Wieder andere, indem sie bei Lehrerinnen und Lehrern, in deren Klassen nach dem kanadischen Modell kooperativ gelernt wird, hospitieren und sich lesend selbst Einblicke in das Konzept verschaffen. Zu Letzterem bietet das vorliegende Buch in seiner Praxisnähe und Reflektiertheit eine ausgezeichnete Gelegenheit.
Das hier von Margit Weidner vorgestellte Modell des Cooperative Learning hat bei aller Eigenständigkeit einen Nestor: Norm Green. Für die meisten deutschen Leserinnen und Leser verbindet sich sein Name mit der Verleihung des Carl-Bertelsmann-Preises an das Durham Board of Education als weltweit innovativsten Schulbezirk. Als Kernelemente des Erfolges, die übrigens durch PISA erneut Bestätigung fanden, sind vorrangig zu nennen: der Ansatz des Cooperative Learning, die Fokussierung auf grundlegende Kompetenzen (u. a. Lese- und Medienkompetenz) und das systematische Lehrertraining. So nahmen 5500 Lehrerinnen und Lehrer des Durham Board an Workshops zum Cooperative Learning teil, um den eigenen Unterricht durch dieses Konzept anzureichern, angenehmer und zugleich effektiver zu gestalten.

Mit Margit Weidners Buch werden nun erstmals in deutscher Sprache Innensichten kooperativer Klassenzimmer möglich und die dafür erforderlichen Methoden und Strategien auch in Eigenregie erlernbar.
Cooperative Learning ist kommunikativ, offen, entwicklungsfähig. Entscheidend ist, dass man irgendwann anfängt …

Dietlinde Hedwig Heckt

Foreword

Over the past number of years Margit Weidner has been a friend and professional colleague. When we first met in the Durham Board in February 1997, Margit wanted to discuss the Video "The silent Revolution" which documents the impact of Cooperative Learning on the development of the Durham District. Margit's interest of course was how to make this Durham reality a practicing concept in German schools. She felt, that this approach that actively involves students of different abilities and interest in productive group work would help students in her special schools.

The challenge of course was to take ideas about group dynamics and cooperative interaction and integrate them with the needs of German youth. There were hardly any German models that put the emphasis on both: academic achievement and social skill development in the same lesson.

This meant, of course, that Margit and her colleagues had to reconceptualize the Durham model to fit German schools. Her determination to develop such a resource has been evident in her numerous visits to Durham and her intensive work in Germany testing out her ideas with real teachers in real German classes.

Margit has traveled the length and breath of Germany sharing the ideas that are now contained in her book and the success of her efforts in the meantime is well known. Educators realize how important it is for German youth to develop all their skills. They need to have teachers who can give good lectures and manage cooperative interaction. They need the opportunity to develop pro social skills that set the stage for future success in a world that will be dominated by social interaction. Margit knows perhaps better than most that for information to become knowledge it must be socially processed.
It is with my highest appreciation that I recommend this book to you the educators and parents of German youth. You owe it to the students – adults in the 21st century – to create environments that support their learning together.

Norm Green
Director of Teaching and Learning Strategies
Georgian College, Barrie/Ontario

I. Einleitung

EINLEITUNG

1. Warum dieses Buch?

„Kann ich als Fachlehrkraft mit meinen vier Wochenstunden eigentlich auch nach dem kooperativen Modell unterrichten?"

„Das klingt alles so positiv und mutmachend, was Sie uns mit Ihrem kooperativen Unterrichtsmodell vorstellen, aber ob das in meiner Klasse funktioniert? Meine Schüler sind sich alle so uneins, da arbeitet eigentlich jeder gegen jeden."

„Gibt es eigentlich Grundvoraussetzungen, die in meiner Klasse schon gegeben sein müssen, ehe ich mit dem kooperativen Gruppenunterricht anfangen kann?"

„Ich würde schon gern kooperativen Kleingruppenunterricht durchführen, aber ich habe Angst davor, dass in den Gruppen dann ein oder zwei Schüler die Arbeit machen und die anderen sich zurücklehnen, nichts tun und auch nichts lernen. Kann man das verhindern?"

„Wie führt man kooperativen Gruppenunterricht sinnvollerweise ein? Welches sind erste, grundlegende Schritte? Gibt's da Tipps?"

„Ich habe hier und da Gruppenunterricht ausprobiert. Was kann ich dazu tun, dass die Gruppe wirklich ein arbeitsfähiges Team wird?"

„In meinen Gruppen gibt's so oft Streit. Manchmal klappt's aber auch schon recht gut. Ich möchte unbedingt weiter machen. Was kann ich tun, damit die Gruppenmitglieder sich besser vertragen und infolge dessen auch besser arbeiten können?"

„Haben Sie Tipps für uns, wie wir die Arbeitsgruppen sinnvollerweise zusammenstellen können? Meistens wollen nur die zusammen arbeiten, die ohnehin befreundet sind."

„Beim Frontalunterricht oder beim gemeinsamen Unterrichtsgespräch habe ich einen ganz guten Überblick, wer mitarbeitet und wer was verstanden hat. Ich befürchte, dass mir dieser Überblick beim Gruppenunterricht verloren geht. Sind diese Befürchtungen begründet?"

„Was mache ich, wenn Schüler sich weigern, mit bestimmten anderen in einer Gruppe zusammen zu arbeiten?"

„Meine Schüler brauchen für gut funktionierenden Gruppenunterricht, wie Sie ihn im Modell vorführen, noch eine ganze Menge an sozialen Fertigkeiten. Wie kann ich die wirkungsvoll vermitteln? Und kann ich Gruppenunterricht überhaupt erst starten, wenn ich bestimmte Sozialkompetenzen angebahnt und erarbeitet habe?"

„Das Thematisieren von Sozialfertigkeiten ist mit Sicherheit wichtig. Ich habe aber doch ohnehin schon soviel Stoff zu vermitteln und komme mit der vorgesehenen Zeit fast nie hin. Wie soll ich zusätzlich noch dezidert Sozialkompetenz lehren?"

„Wo finde ich deutschsprachige Literatur, in der ich Einiges nachlesen kann?"

„Auf welche Art und Weise lassen sich überhaupt sinnvoll die social skills bearbeiten? Sollte man das als Sockeltraining gestalten oder pro Woche vielleicht eine Einheit? Wo nehme ich bloß die Zeit her?"

„Läuft es nicht zwangsläufig darauf hinaus, dass sich Gruppenchefs bilden und die anderen ständig unterbuttern? Wie kann ich das verhindern?"

All diese Fragen wurden während der vielen Workshops, Lehrgänge und Fortbildungsveranstaltungen, die ich im Verlauf der vergangenen Jahre zum kooperativen Lernen gehalten habe, an mich gerichtet. Durchgängig tauchte auch der Wunsch nach einschlägiger deutscher Literatur zum kooperativen Gruppenunterricht auf. Hier konnte ich nur auf einige wenige Arbeiten verweisen, die in den letzten Jahren entstanden sind: Etwa Heinz Klipperts sehr anregendes und hilfreiches Buch „Teamentwicklung im Klassenraum" oder auch etliche Fachaufsätze beispielsweise in Heft 3/98 der „Lernenden Schule", die mit recht ansprechenden Beispielen Anbahnung und Weiterentwicklung von Gruppenfähigkeiten dokumentieren. Die Palette der kanadischen und amerikanischen Veröffentlichungen in dieser Hinsicht ist dagegen bunt, überaus vielfältig und besticht oft durch eine Fülle sehr einfach handhabbarer, motivierender, äußerst pragmatischer Beispiele, um kooperativen Gruppenunterricht in Gang zu setzen.

> Um hier ein wenig die Lücke zu füllen, habe ich mich entschlossen, dieses Arbeitsbuch über Kooperatives Lernen zu schreiben. Es gehen hier meine Erfahrungen ein, die ich in den letzten Jahren mit dem kooperativen Unterrichtsmodell erworben haben:
>
> - praktisch handelnd und immer wieder neu lernend im eigenen Unterricht
> - reflektierend und analysierend in gemeinsamen Gesprächen und fachlichen Diskussionen
> - beobachtend und erforschend bei Hospitationsbesuchen – sowohl bei uns als auch in kanadischen Schulen – bzw. beim Literaturstudium
> - und schließlich präsentierend und demonstrierend im Verlauf zahlreicher Workshops und Lehrgänge

Diese Erfahrungen insgesamt – insbesondere die Beobachtung unserer Schüler im kooperativen Gruppenunterricht – haben mich häufig erfreut, angerührt, ja, oft zutiefst zufrieden gemacht und auch ein bisschen mit Stolz erfüllt.
Ich möchte deshalb mit diesem Buch Mut machen, vor allen Dingen jenen, die „an der Basis" jeden Tag in das schwierige Geschäft des Schule Haltens eingebunden sind, die trotz mannigfacher widriger Umstände stets aufs neue wieder versuchen, ihre fünf oder sechs Unterrichtsstunden am Morgen möglichst ansprechend, motivierend, abwechslungsreich und lernintensiv für ihre Schüler zu gestalten.

2. Erläuternde Kapitelübersicht

Anliegen dieses Buches ist es zunächst, einen **elementaren Überblick**, eine **allgemeine Orientierung** zu verschaffen über die wesentlichen inhaltlichen Bestimmungsstücke des Kooperativen Lernens. Wichtige Grundannahmen und die zentralen fünf Basiselemente kooperativen Arbeitens werden erläutert. Schließlich geht es darum, eine Reihe von gängigen Missverständnissen in Bezug auf das Kooperative Lernen auszuräumen. Diese **grundlegenden Erläuterungen** liefern die **Kapitel II** und **III**.

Ferner soll dieses Werk als **konkrete Handreichung zur Implementierung des Modells** in der eigenen Schule, im eigenen Unterricht, dienen. Zu diesem Zweck wurde ein umfangreicher **Praxisteil** beigefügt, der viele Aspekte der konkreten Handhabung des kooperativen Arbeitens in der Unterrichtssituation schildert (s. **Kapitel IV**). Hier wird zum Beispiel erläutert:
- wann Kooperatives Lernen überhaupt sinnvoll ist,
- wie die ersten Schritte bei der Einführung kooperativen Unterrichts aussehen könnten,
- wie man eine Arbeitsgruppe zu einem „echten Team" mit erkennbarer Identität entwickeln kann,
- welche schulischen Bedingungen die Installierung erleichtern; die Vermittlung von Sozialzielen im Unterricht wird eingehend beschrieben,
- gruppen- und teambildende Maßnahmen – unerlässliche Aktivitäten im Gesamtzusammenhang kooperativen Arbeitens – werden vorgestellt
- und schließlich geht es um die deutlich veränderte Rolle der Lehrperson im kooperativen Kontext.

In **Kapitel V** geht es dann im Rahmen der **Planung und Durchführung einer kooperativen Lerneinheit** um die Erarbeitung eines Struktur- oder Artikulationsschemas. Dieses kommt schließlich zur Anwendung bei der Schilderung einer konkreten Unterrichtsstunde eines 9. Schuljahres als exemplarisches Beispiel.

Kapitel VI liefert schließlich ein kleines **Manual der wichtigsten Methoden** des kooperativen Lernens. Sie sind sehr anschaulich und einprägsam beschrieben und laden zum Ausprobieren im eigenen Unterricht ein.

Über die Unterrichtsebene wird sodann in **Kapitel VI** hinausgegangen. Hier interessiert der **Zusammenhang Kooperatives Lernen und Schule als Gesamteinheit** und zwar die Stellung des kooperativen Arbeitens im Gesamtrahmen der Schulentwicklung. Zwei Fragestellungen sind hier von Belang:
- Wie sollte ein Schulzusammenhang organisiert sein, damit Kooperatives Lernen sich erfolgreich etablieren kann?
- Zum anderen: Was kann das Kooperative Lernen für die Gesamtentwicklung einer Schule bewirken?

Kooperatives Lernen als **konzeptioneller Baustein der Gesamtentwicklung** einer Schule wird schließlich in einem **Exkurs** ausführlich geschildert.

II Zur Begründung Kooperativer Lernformen – Die Frage nach dem „Warum"

1 Verändertes Umfeld – veränderte Kinder und Jugendliche

In den letzten Jahrzehnten hat sich ein enormer gesellschaftlicher, sozialer, kultureller und wirtschaftlicher Wandel vollzogen, der entscheidende Auswirkungen auf das Schulsystem und auch direkt auf die einzelne Schule hat und somit Schüler, Lehrer und alle sonstigen an Schule Beteiligten vor besondere Herausforderungen stellt.

1.1 Aufbrechen von traditionellen Familienstrukturen

Der verbindliche Rahmen traditioneller Lebensformen hat sich zugunsten pluraler und individueller Lebensstile aufgelöst. Die Kernfamilie ist nicht mehr das unangefochtene Familienmodell der Neuzeit. Etwa jede dritte Ehe in Deutschland wird wieder geschieden. Viele Kinder wachsen in Stieffamilien mit Stiefvätern oder Zweitmüttern oder beim nichtehelichen Zweitpartner von Vater oder Mutter auf. Für eine wachsende Zahl von Kindern kommt es so zu komplizierten und verwickelten Lebensläufen. „Unter dem Gesichtspunkt familiärer Stabilität und der Betreuung im Lebenslauf von Kindern ist besonders folgenreich die Wiederverheiratung nach einer Scheidung. Für die Binnenordnung der Familie ist das Wechselspiel von Trennung und Bindung in einer ‚Fortsetzungsehe' bzw. ‚Patchworkfamilie' ein nicht zu unterschätzender Destabilisierungsfaktor." (Neumann 1995)

Peter Struck spricht von Kindern mit einer „schweren Biographie", einem desolaten Milieu und deshalb einem hohen Risiko des Schulversagens. „Die schulpsychologischen Dienste … der großen deutschen Städte und Ballungsgebiete beklagen im Moment eine eklatante Zunahme an aggressiven, hyperaktiven, destruktiven und depressiven Kindern und Jugendlichen. So leiden 83 Prozent aller Münchner Lehrer an Haupt- und Realschulen unter wachsender Verrohung und Gewaltbereitschaft ihrer Schüler, die immer zahlreicher auch Waffen wie Schlagringe, Würgeketten, Wurfsterne, Spring- oder Butterflymesser, Reizgas-Sprühdosen oder Gaspistolen bei sich tragen. Waffen und Gewalt sind jedoch nur Symptome; schwere Verhaltensstörungen, die bis in die früheste Kindheit zurückreichen, gehen fast immer voraus, und voraus gehen auch schon die Eltern, Kindergärtnerinnen, Vorschulpädagogen, Grundschullehrer und Psychologen sowie Kinderärzte, die an diesen Kindern vergeblich herumgedoktert haben, ‚um sie zu besseren Menschen' zu machen." (1994, S. 146)

Innerhalb der sich ändernden Familienkonstellationen kommt der Eineltern-Familie eine hohe Bedeutung zu. Jedes zweite 13-jährige Kind in deutschen Großstädten und Ballungsgebieten – so Peter Struck – lebt heute nur noch mit seiner Mutter allein. Zur veränderten Kindheit heute gehört es, „daß immer mehr Kinder ohne Vater oder mit partieller Vaterlosigkeit, also mit einem geringen Maß an Väterlichkeit aufwachsen. Unsere Gesellschaft leidet unter einem Mangel an liebevoller Väterlichkeit und unter einem Zuviel an brutaler Männlichkeit" (ebenda S. 55).

Des Weiteren ist eine deutliche Reduktion der Geburtenrate in Deutschland zu verzeichnen, was zur Folge hat, dass in etwa 80 % der Familien Kinder mit nur einem oder keinem Geschwister aufwachsen. Sie haben folglich wenig oder gar keine Gelegenheit, Sozialerfahrungen über Geschwisterkontakte im Alltag zu machen.

Zudem findet heute aufgrund meist ungünstiger Wohnsituationen eine sog. „Straßensozialisation", bei der Kinder sich auf der Straße, im Wohnviertel treffen, um den Nachmittag spielend miteinander zu verbringen, kaum noch statt. So ist auch diese natürliche und ursprüngliche Möglichkeit des sozialen Lernens, des Beziehung-Knüpfens, des Streitens, sich Versöhnens, sich aneinander „Reibens", des Austestens von Grenzen im Umgang mit Gleichaltrigen, weitgehend eingeschränkt. Otto Herz weist auf die möglichen Folgen eines solchen Aufwachsens hin und führt in diesem Zusammenhang das Bild der kleinen „Kaiserinnen und Kaiser" an, die nach Schuleintritt die ungeteilte Aufmerksamkeit der Lehrperson einfordern, sich nur sehr schlecht in einen Klassenzusammenhang mit Gleichaltrigen einfügen können und aufgrund der mangelnden Sozialerfahrung ständig in Konflikt mit ihren Mitschülern geraten.

1.2 Veränderungen von Werthaltungen und Erziehungsnormen – „Wertewandel"

Einhergehend mit den sich wandelnden familiären Strukturen lassen sich deutlich veränderte Erziehungsvorstellungen und korrespondierend dazu spezifische Formen des Umgangs von Eltern mit ihren Kindern feststellen.

Ein eher liberaler, partnerschaftlicher Erziehungsstil ist geprägt von Verständnis, weniger Strenge und der Gewährung von mehr Freiheiten und geht einher mit dem Abbau einseitig dominanter Erwachsenenautorität.

Bedenklich muss es allerdings stimmen, wenn – wie in der jüngeren Vergangenheit zunehmend mehr zu beobachten – eigentlich überhaupt kein bestimmter Erziehungsstil mehr erkennbar ist, wenn der Mut und die Kraft zum Erziehen, zum Stellen von Forderungen, Nein sagen und Setzen von Grenzen allgemeiner Hilflosigkeit, Orientierungslosigkeit, tief empfundener Ohnmacht und daraus resultierender Inkonsequenz gewichen ist.

Soziale Akzeptanzwerte, wie Gehorsam, Unterordnung, Verzicht und Bescheidenheit, sind deutlich zurückgegangen zugunsten von Selbstständigkeit, Kreativität und Selbstvertrauen. Kinder und Jugendliche sind angesichts dieses Wertewandels in unserer Gesellschaft vor erhöhte Herausforderungen gestellt. Bei ihrer Identitätssuche in einer offenen Gesellschaft, in der es nur noch in geringem Maße für alle verbindliche, traditionelle Ordnungen und Institutionen gibt, sehen sich die jungen Menschen einerseits einer verwirrenden Fülle zugänglicher Lebensformen gegenüber, andererseits zeigt sich aber auch bei all' den Möglichkeiten häufig ein gravierendes, gesellschaftlich-normatives Vakuum.

Auf diesen problematischen Zusammenhang weist Poppe hin: „Autoritäten sind mit Ende der sechziger Jahre abgebaut worden, ohne daß Gegeninstanzen konzipiert worden sind. Dieses Machtvakuum bedarf eines sozio-kulturellen Surrogats, ansonsten ist jeder Einzelne gehalten, seine eigene Instanzenwelt zu kreieren … Die Entwicklung von Kritikfähigkeit gegen traditionell überlieferte und dem Zeitgeist nicht mehr entsprechende Verhaltensmodi ist durchaus ein richtiger Baustein auf dem erzieherischen Weg zur Mündigkeit. Bleibt es bei der individuellen Kritik stehen, kommt es zu keiner gemeinschaftlich definierten Akzeptanz neuer normativer Regelungen, ist damit das Zeitalter der kulturellen Anarchie eingeleitet. Jeder ist sich selbst der Nächste und definiert für sich allein, was geltende Wert- und Normorientierungen sind." (Poppe 1995, S. 6)

1.3 Allgegenwart der Medien

Der Fernseher, der Kassettenrecorder, der Walk- oder Discman und der Videorecorder fehlen heute in fast keinem Haushalt und gehören wie selbstverständlich zum Kinderalltag dazu. Ein eigenes Fernsehgerät und/oder Computer im Kinderzimmer sind keine Seltenheit. Auch hier können sich Kinder per Knopfdruck, ohne weitere eigene Anstrengung, Unterhaltung verschaffen, Unterhaltung konsumieren. Auch dort, wo das Medium Fernsehen durch zum Teil didaktisch hervorragend aufbereitete Kindersendungen als Informationsquelle genutzt wird, ist auf die Gefahr hinzuweisen, die Rolff „Mediatisierung der Erfahrung" nennt: An die Stelle von ursprünglichen Sinneserfahrungen aus erster Hand mit Menschen oder Objekten treten viel zu oft und zunehmend mehr Bilder. Eindrucksvoll illustriert dies Otto Herz: „Das Wasser, das im Fernsehen fließt, ist nicht naß. Die Blume, die im Fernsehen gezeigt wird, duftet (noch) nicht. Das Blut, das umfangreich spritzt, geht nicht wirklich unter die Haut." (Herz 1988, S. 77) Viel zu oft – so führt Peter Struck aus – bleibt den Kindern nur noch der „Bildschirm als Freund", vor dem sie schon im Vorschulalter etliche Stunden am Tag weitgehend unkontrolliert und unbegleitet, was die Medieneinflüsse anbelangt, zubringen. Diese scheinen zudem auch einflussreicher und nachhaltiger als schulische oder elterliche Erziehungseinflüsse zu sein, konterkarieren diese nicht selten: „Während in der Schule Leistungsbereitschaft, Verzicht und Askese gefordert werden, lockt die allgegenwärtige Werbung unter Einsatz ausgefeilter psychologischer Techniken mit Selbstverwöhnung; werden in der Schule Toleranz und Fairness propagiert, so begegnen die Schüler in den Medien Gewalt und Brutalität; werden sie in der Schule zu Kooperation angehalten, so erfahren sie außerhalb der Schule, daß Rücksichtslosigkeit und Egoismus zum Erfolg führen." (Rosenbusch 1993, S. 9)

Für die Schule ergibt sich somit die überaus schwierige Aufgabe, das anzubahnen und zu gewährleisten, was das Fernsehen – wie Struck aufzählt – nicht kann: Askese, Disziplin, Konzentration, Stillsitzen, Durchhaltevermögen, Abstrahieren, Forderungen ertragen, Stillstand aushalten, ohne sich zu langweilen, abwarten können, sachlich sein können, Grenzsetzungen ertragen können.

1.4 Veränderungen der Wirtschafts- und Arbeitswelt

Die Prozesse des sozialen Wandels sind komplex und tiefgreifend. Nicht nur kulturelle Werte, gesellschaftliche Normen und soziale Bindungen sind davon betroffen, sondern ebenso die Arbeits- und Berufswelt. Auch hier haben sich tiefgreifende Veränderungen ergeben, die die Schule, will sie verantwortungsbewusst für die Zukunft ausbilden, in ihrer Bildungsorganisation berücksichtigen muss.

Sowohl in der Industrie als auch im Dienstleistungsbereich lässt sich zudem ein deutlicher Wandel der internen Arbeits- und Organisationsstrukturen feststellen: weg von streng arbeitsteiliger Organisation nach tayloristischem Zuschnitt hin zu mehr integrativen Arbeitskonzepten und komplexeren Tätigkeitszuschnitten. Diese sind zunehmend mehr geprägt von Kooperation und Teamarbeit. Teamfähigkeit ist eine der zentralen Schlüsselqualifikationen, die die Wirtschaft heute unmissverständlich einfordert. Viele Betriebe haben längst die Vorteile teamorientierter Produktion und Arbeitsweisen erkannt. So stellt die Firma Lucent Technologies beispielsweise als neue Arbeitsform den „Ausbau von Selbstverantwortung und Teamarbeit" heraus: „Immer mehr werden Teams, in denen Mitarbeiter vollzeitig oder zeitweilig aus unterschiedlichen Funktionsbereichen für befristete Zeit zusammenarbeiten, unsere Arbeitsform prägen. Mitarbeiter werden wahrscheinlich häufiger als in der Vergangenheit ihre Teams und damit auch ihr gewohntes Arbeitsumfeld wechseln müssen. Diese interdisziplinären Projektteams werden sich weitgehend selbst steuern und damit wesentliche Teile der bisherigen Vorgesetztenaufgaben übernehmen. Wir werden gemeinsam einiges lernen müssen, um Führung und Zusammenarbeit in dieser veränderlichen, sich weitgehend selbst organisierenden Welt bedarfsgerecht zu gestalten." („direkt" Lucent Technologies. Current Employee Information 6/97, S. 4)

> Bargel (1988) macht auf folgende Entwicklungen aufmerksam, die auf tiefgreifende Umbrüche in Hinblick auf Arbeit, Wissen und Fortschritt deuten:
> – Neue Errungenschaften in Mikroelektronik und Hochtechnologie haben dazu geführt, dass eine Vielzahl traditioneller Arbeitsplätze verloren ging. Ein enormer Wandel der Arbeitsverhältnisse und deren Qualifikationsanforderungen geht damit einher.
> – Die industrielle Arbeitsgesellschaft, die sich auf Zweckrationalität, spezialisierte, oft monotone Arbeitsvollzüge und arbeitsteilige Leistungseffizienz gründet, scheint an ihre Grenzen zu stoßen.
> – In vielen wirtschaftlichen Bereichen zeigen sich unerbittliche Grenzen des Wachstums, am deutlichsten sichtbar an Rohstoffen und Energie, die nicht uneingeschränkt zur Verfügung stehen. „Natur und Umwelt und die Menschen selbst zeigen Verschleiß- und Belastungsfolgen, die irreparabel werden."
> – Das Vertrauen in wirtschaftlichen und gesellschaftlichen Fortschritt, in Weiterentwicklung durch neues Wissen und ausgefeilte Technologien sinkt angesichts der implizierten potenziellen Risiken, Gefahren und unübersehbaren, bedrohlichen Folgeprobleme.

Und die Industrie- und Handelskammer Nordrhein-Westfalen betont: „Nicht Eigenbrötler, auch nicht einsame Tüftler sind in der Regel gefragt, sondern auf Kooperation, auf den Austausch von Informationen, Erfahrungen, Verbesserungsvorschlägen ausgerichtete Mitarbeiter. Zusammenarbeit im Betrieb ist zwingend. Vor allem die neuen betrieblichen Organisationsformen sind wesentlich auf Kooperation angelegt."
Peter Haase, Personalentwicklungsleiter bei VW, weist auf die defizitären sozialen Fähigkeiten von Schulabgängern hin: „Niemand hat den jungen Leuten beigebracht, im Team zu arbeiten. Viele haben immer nur ich-fixiert gelernt … Die Welt ist hoch komplex geworden, der Wissensstand hat sich vervielfacht. Wir können mit dem besten Ingenieur nur dann noch etwas anfangen, wenn er mit anderen zusammen arbeiten kann. Die Innovationen werden heute in der Regel durch Teams erbracht. … Die jungen Leute sollten von vornherein daran gewöhnt werden, in Gruppen zu arbeiten und fächerübergreifend zu denken." (Der Spiegel 23/1992, S. 53)

1.5 Schulorganisatorische Gegebenheiten

Neben den erwähnten gesellschaftlichen Umbrüchen mit ihren fragwürdigen, häufig auch besorgniserregenden Auswirkungen lassen sich auch etliche schulorganisatorische Merkmale aufzeigen, die diese in ungünstiger Art und Weise zu unterstützen scheinen. Neben der Schulgröße und baulich ungünstigen Gegebenheiten ist hier die übliche Praktizierung des Fachlehrersystems einhergehend mit einer stark ausdifferenzierten Stundentafel – zumindest ab der Sekundarstufe zu nennen.

– Bildungsinhalte werden laufend neuen Fächern zugeordnet, zerstückelt und in „Portionen" aufgeteilt. Durch die Parzellierung des Wissens wird die Wahrung von Lernzusammenhängen in ihrer Authentizität und Ganzheitlichkeit erschwert.

– Heute unterrichten mehr Lehrer weniger Schüler in mehr Fächern und kürzeren Zeiträumen während einer insgesamt längeren Schulzeit. Dieser Umstand erschwert Schülern eine klare Orientierung und die Identitätsbildung in einem Strom unterschiedlicher, oft widersprüchlicher Erfahrungen (vgl. Rosenbusch 1993, S. 11).

– Darüber hinaus werden das Entstehen stabiler Sozialbeziehungen und tiefgreifender menschlicher Bezüge, das Fundament jeglichen pädagogischen Bemühens, erschwert.

– Becker weist auf den Effekt des „Verschwindens der Erwachsenen", begünstigt durch das Fachlehrersystem, hin. Er meint damit, dass durch die Kürze des Schüler-Lehrer-Kontaktes im Fachunterricht und die vorwiegende Festlegung auf die Vermittlung unterrichtsrelevanten Wissens durch die Fachlehrer diese meist nur in „Rollen", in ihrer spezialisierten Funktion als „Englischlehrer" oder „Physiklehrer", wahrgenommen werden könnten und weniger als erwachsene Menschen, als Personen mit spezifischen Einstellungen, Sichtweisen, Wünschen, Vorlieben etc. Dies sei um so gravierender zu bewerten vor dem Hintergrund einer ohnehin sich abzeichnenden „gesellschaftlichen Entmischung": Jugendliche verbringen einen Großteil ihrer Zeit in Gleichaltrigengruppen, orientieren sich an Maßstäben einer Jugendszene oder Jugendkultur, aus der Erwachsene als Verhaltensmodelle gänzlich ausgeblendet bleiben. „Wie Erwachsene sind, wie Erwachsensein ist, wissen Kinder und Jugendliche aus eigenem Erleben und Beobachten immer häufiger nur von ihrem Vater oder ihrer Mutter. Über andere Erwachsene, ihre Sorgen und Hoffnungen, Freuden und Leiden, über die Würde und den Erfolg, die Mühe und Vergeblichkeit ihrer Arbeit, darüber, wie sie miteinander umgehen, sich achten oder verachten, wie sie einander helfen oder sich im Stich lassen, wie sie streiten und sich versöhnen, wie sie sich bürgerlicher Verantwortung stellen oder verweigern, werden Kinder vor allem ebenso suggestiv wie fragmentiert durch das Fernsehen informiert." (Becker 1992, S. 87)

Wertewandel
Verlust von verbindlichen Ordnungen und Normen, Überforderung aufgrund allzu früher Belastung durch „Lebensprobleme"

Familienstrukturen im Umbruch
Verunsicherung durch Trennungserlebnisse und Beziehungsabbrüche; mögliche Folge: Beziehungseingeschränktheit, Beziehungsunfähigkeit
→ Kinder erscheinen „kalt" und misstrauisch; es ist schwer, an sie heranzukommen
→ geringes Level an Selbstwert und Selbstbewusstsein

Offene Gesellschaft
Gefahr des Sich-Verlierens im Dschungel der Möglichkeiten, Individualisierungs- und Stilisierungsdruck; hohe persönliche, soziale und kommunikative Anforderungen an den Einzelnen

Allgegenwart der Medien
Gefahr der Einschränkung ursprüngl. Sinneserfahrung, häufig Konterkarierung schulisch vermittelter Werte, Problematik von viel unverdautem Halbwissen

Veränderung der Wirtschaftswelt und Arbeitswelt
Abkehr von arbeitsteiliger Organisation hin zu integrativen Arbeitskonzepten, Sozialkompetenz und Teamfähigkeit sind zentrale Schlüsselqualifikationen

Abb. 1: Kinder und Jugendliche heute im Geflecht des sozialen Wandels

1.6 Kompetenzen, die Schüler heute und morgen brauchen

- Kommunikative und interaktive Kompetenz
- Gemeinschafts- und Teamfähigkeit
- Fähigkeiten zum Selbstmanagement (personal mastery)
  Selbstkontrolle, Umgang mit persönlichen Emotionen und Motivationen, Pflichtbewusstsein, Durchhaltevermögen, Selbstsicherheit
- Konfliktfähigkeit
- Verantwortungsbewusstsein
- Kritik- und Entscheidungsfähigkeit
- Fähigkeit, Mut und Bereitschaft zum selbstständigen, lebenslangen Lernen

Es wird deutlich, dass sich zwischen den mannigfachen Destabilisierungsfaktoren, mit denen Kinder und Jugendliche heute konfrontiert sind, und den Anforderungen und Erwartungen, die von der Schule und der Wirtschafts- und Arbeitswelt an sie gestellt werden, eine große Kluft auftut.

Vor diesem Hintergrund ergibt sich eine Reihe von Implikationen für die Schule. Wenn sie es ernst meint mit der Forderung „Kinder dort abholen, wo sie stehen", dann hat sie sich bewusst und aktiv den Schülern zu stellen, wie sie sich heute oft präsentieren: konzentrationsgestört, hyperaktiv, aggressiv oder regressiv.

Wenn Hartmut von Hentig sagt: „Die Lebensprobleme der heute heranwachsenden Kinder sind viel größer als ihre Lernprobleme, sie schieben sich so gebieterisch vor diese oder fallen ihnen in den Rücken, dass die Schule, wenn sie überhaupt noch belehren will, es erst mit den Lebensproblemen aufnehmen muss", so weist er darauf hin, dass eine erweiterte Bildungskonzeption, eine veränderte Sichtweise von Schule, ihrem Auftrag und ihrer Profession dringend angezeigt ist, die bewusst die Lebenswelten von Kindern und Jugendlichen aufgreift und in ihren inneren alltäglichen Handlungsabläufen für sie elementar Sinn macht.

Daraus folgt, dass Schule heute viel stärker als bisher sozialerzieherische, kompensatorische Aufgaben zu übernehmen hat im Sinne von „bereit machen für das Lernen". Gerold Becker, der frühere Leiter der Odenwaldschule, sagt: „Es gibt, wenn man so abgekürzt sagen darf, was an vielen konkreten Beispielen erläutert werden müßte, bestimmte, elementare Erfahrungen, die ein Mensch gemacht haben muß, um als Sechsjähriger oder als Sechzehnjähriger für wirkliches, das heißt verstehendes und die Person veränderndes Lernen in einem schulischen Kontext überhaupt offen zu sein. Da immer mehr Kinder diese Erfahrungen nicht mehr oder nur noch in unzureichendem Maße außerhalb der Schule gemacht haben und machen, bleibt der Schule auf längere Sicht keine andere Wahl als solche Erfahrungen überhaupt erst zu ermöglichen, wenn denn die erhebliche Anstrengung, die sie für den herkömmlichen Unterricht aufwendet (und aufwenden muß!) nicht weitgehend vergeblich investiert sein soll ... Es ist sozusagen ein Lernen vor – und parallel zu – dem eigentlichen schulischen Lernen." (Becker 1992, S. 90)

In diesem Sinn formuliert Rosenbusch: „Im Hinblick auf die ... gesellschaftlichen Entwicklungen ist Erziehung notwendiger denn je, und Schule hat einen Beitrag zu liefern, eben weil traditionelle Erziehungsinstitutionen wie Familie, Kirche, sozialer Lebensraum zunehmend an Einfluß verlieren, so daß die Schule nach ihren Möglichkeiten kompensatorisch tätig sein muß." (Rosenbusch 1993, S. 15)

Eine mögliche – aus meiner Sicht hervorragende – pädagogische Antwort auf die geschilderten Anforderungen und somit neuen Herausforderungen bietet das Kooperative Lernen mit seinen besonderen fachlichen Lernmöglichkeiten in Kleingruppen wie auch den umfassenden sozialerzieherischen Elementen.

1.7 Kooperatives und soziales Lernen als pädagogische Antwort

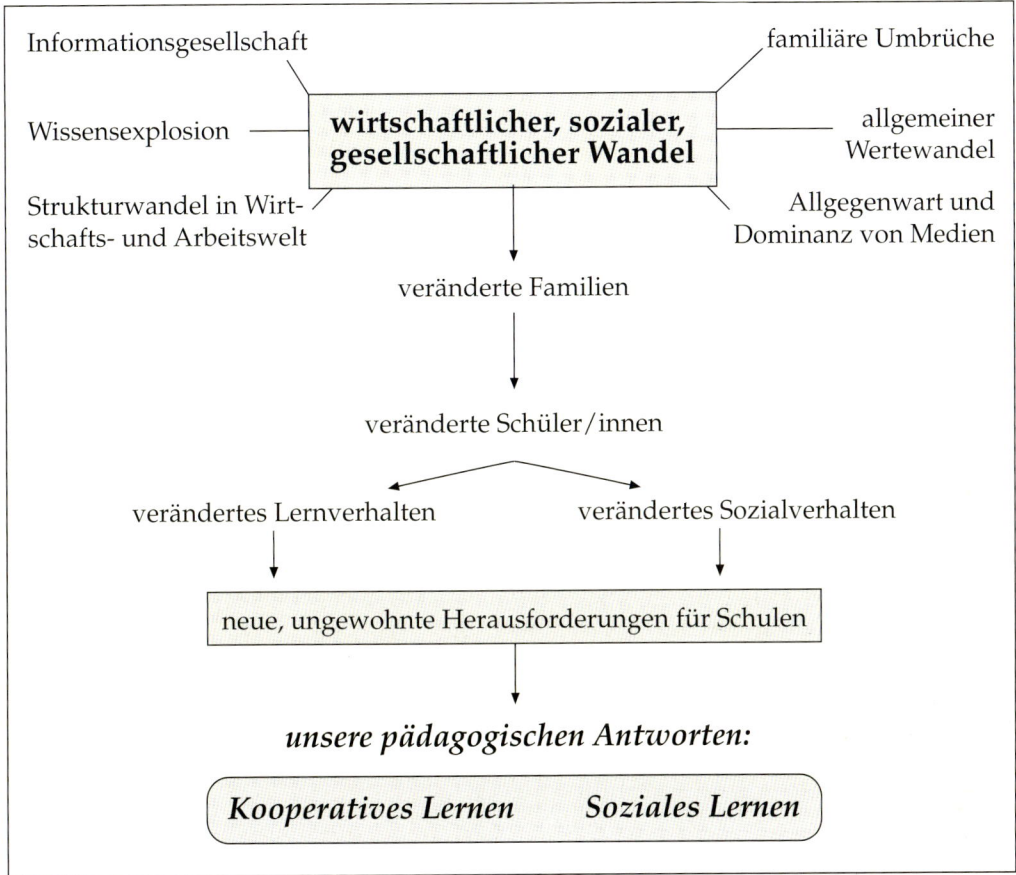

Abb. 2: Gesellschaftliche Wandlungsprozesse und pädagogische Antworten

Most careers do not expect people to sit in rows and compete with colleagues without interacting with them. Teamwork, communication, effective coordination, and division of labor characterize most real-life settings. It is time for schools to more realistically reflect the reality of adult life. The most logical way to ensure that students master the cooperative skills required in most task-oriented situations is to structure the majority of academic learning situations cooperatively.
Roger Johnson & David Johnson

III Die konzeptionellen Bestimmungsstücke des Kooperativen Lernens. Kooperatives Lernen – was ist das?

Kooperatives Lernen – was ist das?

Dabei geht es um gemeinsame, um kooperative Prozesse im Unterricht. Schüler lernen und arbeiten in kleinen Teams miteinander. Es handelt sich also um eine Form von Gruppenunterricht. Dennoch ist es viel mehr als der traditionelle Gruppenunterricht.

Dieser wird vom organisatorischen Rahmen her als „eine Sozialform des Unterrichts (bezeichnet), bei der durch die zeitlich begrenzte Teilung des Klassenverbands in mehrere Abteilungen arbeitsfähige Kleingruppen entstehen, die gemeinsam an der von der Lehrerin gestellten oder selbst erarbeiteten Themenstellung arbeiten und deren Arbeitsergebnisse in späteren Unterrichtsphasen für den Klassenverband nutzbar gemacht werden können" (Hilbert Meyer 1987, S. 242).

Natürlich wird von Hilbert Meyer und von vielen anderen Vertretern, die sich mit Gruppenunterricht auseinander gesetzt haben, (z. B. E. Meyer, H. Prior, H. Gudjons) betont, dass gut funktionierender Gruppenunterricht von etlichen inneren Bedingungen abhängig ist. Die äußere Form des Gruppensettings für sich kann allenfalls den Frontalunterricht eine Zeit lang auflockern, ist für sich gesehen aber noch lange kein Garant für besseres Lernen.

> Gut funktionierender, erfolgreicher Gruppenunterricht ergibt sich nur, wenn:
> - die Aufgabenstellung für die selbstständig arbeitenden Gruppen klar, angemessen und bewältigbar erfolgt und die Schüler sie verstehen,
> - die Schüler über ein hinreichendes arbeitsorganisatorisches und methodisches Knowhow verfügen,
> - die Schüler hinreichend motivierbar und leistungswillig sind
>
> All dies sind wichtige und notwendige, jedoch keinesfalls hinreichende Merkmale und Bedingungen für guten Gruppenunterricht. Dieser kann nur gelingen, wenn:
> - interaktions-, kooperations- und kommunikative Kompetenzen als Grundvoraussetzung jeglichen gedeihlichen sozialen Umgangs in Gruppen als entscheidendes, konstitutives Merkmal hinzukommen.

Dies wird auch von den meisten Vertretern des traditionellen Gruppenunterrichts betont. Der entscheidende Unterschied zum kooperativen Lernen liegt jedoch darin, welchen Stellenwert man den für Kleingruppenarbeit notwendigen Sozialkompetenzen, dem Befähigen für Gruppenunterricht beimisst. Das Kooperative Lernen nämlich reflektiert nicht nur im Vorfeld die sozial-interaktiven Implikationen als entscheidende Eingangsbedingung für erfolgreichen Gruppenunterricht. Für das Kooperative Lernen gilt entscheidend das, was Gudjons sehr klar auf den Punkt bringt: „Es bedarf der bewußten Akzeptierung der Beziehungsebene einer Gruppe neben der Sachaufgabe; sozial-emotionale Prozesse müssen als zentrales Lernfeld anerkannt, und Erfahrungen mit der Dynamik einer Gruppe müssen genauso ernst genommen werden wie Arbeitsergebnisse. Hier setzen Bemühungen der angewandten Gruppendynamik ein." (Gudjons 1993, S. 22)

Vermittlung von Sozialkompetenz
Das Kooperative Lernen trägt dieser Forderung Rechnung, indem es die Ausbildung von Sozialkompetenz sorgfältig thematisiert, konkretisiert und schülergemäß in Verhaltensmöglichkeiten und Handlungsweisen „übersetzt".
Soziales Lernen – formuliert und konkretisiert in einzelnen Sozialfertigkeiten (social skills) – nimmt neben dem fachlichen Lernen – formuliert in den fachlichen oder sachlichen Lernzielen (academic skills) – einen gleichwertigen Rang ein.
Für jede kooperative Unterrichtseinheit werden also sowohl immer fachliche Ziele als auch Sozialziele verbindlich festgelegt und später in Bezug auf ihre erfolgreiche Handhabung reflektiert, überprüft und bewertet.

Insofern ist im Modell des Kooperativen Lernens **Sozialkompetenz** im Sinne von Team- und Gemeinschaftsfähigkeit nicht nur eine Voraussetzung für erfolgreichen Gruppenunterricht, die man mitunter im „Crash-Training" vor dem eigentlichen Gruppenunterricht zu erzeugen versucht (und als einmaligen Akt, als „Spielregeln" oder Verhaltensregeln für Gruppenunterricht auf einem Poster an die Wand heftet), sondern sie **wird zum sensibel geplanten, stetig und kontinuierlich vermittelten, gleichrangigen Lerninhalt.**

1. Definition des Kooperativen Lernens

> **Kooperatives Lernen ist eine besondere Form von Kleingruppenunterricht**, der – anders als der traditionelle Gruppenunterricht – die **sozialen Prozesse** beim Lernen besonders thematisiert, akzentuiert und strukturiert. Der Entwicklung von der losen Gruppe zum **„echten" Team** mit erkennbarer **Identität** kommt hohe Bedeutung zu. Durch vielfältige Maßnahmen und Aktivitäten wird die **Eigenverantwortlichkeit** für die Gruppenlernprozesse angebahnt und ausgebaut. Durch sensibel geplante Prozesse wird eine **positive gegenseitige Abhängigkeit** der Gruppenmitglieder erzeugt, was sich sowohl auf die sozialen Interaktionsprozesse als auch auf die Arbeitsergebnisse oder -produkte günstig auswirkt.
>
> Hervorzuheben ist: **Die Gruppenprozesse beim Kooperativen Lernen sind mindestens genauso wichtig wie das Arbeitsprodukt.**

2 Kooperatives Lernen im Vergleich zu traditionellem Gruppenunterricht

Die Unterschiede zwischen traditionellem und kooperativem Gruppenunterricht erläutert die folgende Übersicht. Hervorzuheben ist: **Kooperatives Lernen ist Gruppenarbeit, aber nicht jede Gruppenarbeit ist Kooperatives Lernen!**

Kooperative Lerngruppen	Traditionelle Gruppenarbeit
Durch eine Vielzahl von systematisch geplanten Maßnahmen wird eine positive gegenseitige Abhängigkeit strukturiert.	Positive gegenseitige Abhängigkeit ist nicht strukturiert.
Die Einzelnen werden angeleitet, sowohl für die eigenen Lernprozesse als auch für die der anderen Gruppenmitglieder Verantwortung zu übernehmen.	Die Einzelnen fühlen sich meist nur sich selbst gegenüber verantwortlich, nicht aber für die Gruppenmitglieder.
Die Gruppenzusammensetzung ist bewusst heterogen gestaltet.	Die Gruppenzusammensetzung ist meist homogen. Die, die sich mögen, arbeiten zusammen; weniger Beliebte bleiben ausgeschlossen.
Teamaufbauende Aktivitäten werden stetig durchgeführt. Sie befördern Vertrauen, Verantwortung für das Gruppengeschehen und einen festen Gruppenzusammenhalt.	Keine Team-aufbauenden Aktivitäten!
Die einzelnen Mitglieder übernehmen verschiedene Rollen und teilen sich die (Führungs-)Aufgaben der Gruppe.	Ein Teammitglied ist meist der selbst erklärte Leiter der Gruppe.
Soziale Fertigkeiten (social skills) werden systematisch gelehrt, praktiziert und bewusst weiterentwickelt. Soziales Lernen wird ein eigenständiges Lernfeld!	Soziale Fertigkeiten werden vorausgesetzt (fehlen aber häufig).
Der Lehrer beobachtet ständig die Gruppenarbeit, dokumentiert seine Beobachtungen, gibt Rückmeldung über das Funktionieren im Team und interveniert wenn nötig.	Systematisches Feedback erfolgt weniger ausgeprägt.

Vorzüge kooperativer Lerngruppen gegenüber traditioneller Gruppenarbeit

Die aufgeführten Charakteristiken kooperativen Gruppenunterrichts, wie z. B. die positive gegenseitige Abhängigkeit, die Anleitung zur Übernahme von Verantwortlichkeit, die Vermittlung von Sozialzielen und die teambildenden Aktivitäten, werden noch einmal kurz auf einen Blick auf der folgenden Seite zusammengefasst. Jedes einzelne Element wird jedoch ausführlich im Verlauf dieses und des nächsten Kapitels beschrieben.

Kooperatives Lernen bedeutet:

K   Kompetenz sozialer und fachlicher Art erwerben
O   Ohne Angst lernen
O   Organisiertes Miteinander
P   Positive gegenseitige Abhängigkeit
E   Ermunterung zu verbesserter Arbeit durch Feedback
R   Respektvoller Umgang
A   Aktives Zuhören
T   Teamfähigkeit stetig verbessern
I   Individuelle Stärken einbringen
V   Verantwortung übernehmen
E   Ermutigung durch Lob und Bestätigung
S   Sozialfertigkeiten erwerben
L   Lernen durch Lehren
E   Ermutigung zur Zusammenarbeit
R   Rotierende Rollenübernahme
N   Nachbetrachtung von Gruppen- und Lernprozessen
E   Erfolge miteinander feiern
N   Niemanden ausschließen

3 Kooperatives Lernen – die acht wesentlichen Bestimmungsstücke auf einen Blick

1. **Sozialziele als gemeinsame Ziele aller Gruppenmitglieder**
Kooperative Gruppenarbeit basiert auf positiver **gegenseitiger Abhängigkeit** der Gruppenmitglieder untereinander. Gruppenrelevante Sozialziele werden formuliert und strukturiert, für deren Erfüllung als Gruppenaufgabe jedes Mitglied Sorge trägt.

2. **Persönliche Verantwortung jedes einzelnen Gruppenmitglieds**
Die Gruppenmitglieder zeigen **persönliche Verantwortlichkeit**. Diese wird immer wieder unter die Lupe genommen und bewertet. Jedem Mitglied wird fortwährend Feedback über den persönlichen Fortschritt in dieser Hinsicht gegeben. Auch der Gruppe insgesamt wird Rückmeldung über die gemeinsamen Anstrengungen gegeben.

3. **Förderliche Gruppenzusammensatzung**
Die **Gruppenzusammensetzung ist heterogen** in Bezug auf die Fähigkeiten und Fertigkeiten und auch hinsichtlich persönlicher Charakteristiken.

4. **Gleiche Verantwortung aller Gruppenmitglieder**
Alle Mitglieder tragen Verantwortung für das Ganze, deshalb gibt es **keinen designierten Gruppenführer**.

5. **Gegenseitige Unterstützung**
Es besteht eine **Gesamtverantwortung** für die persönliche Leistung jedes Einzelnen. Die Gruppenmitglieder helfen und ermuntern sich gegenseitig und tragen somit dazu bei, dass jedes Mitglied die ihm zugeordnete Aufgabe optimal erfüllen kann.

6. **Fachliches und soziales Lernen**
Kooperative Gruppenarbeit fokussiert beides: Sowohl das Maximieren der kognitiven **Lernfortschritte** jedes Einzelnen als auch das Anbahnen und Aufrechterhalten einer guten (Arbeits-)**Beziehung** zwischen den Gruppenmitgliedern.

7. **Soziale Fertigkeiten**
Für das erfolgreiche kooperative Arbeiten miteinander ist eine ganze Reihe von **sozialen Fertigkeiten** notwendig (z. B. „aktives Zuhören" oder „Kritik in sozialförderlicher Weise äußern" usw.). Diese werden als ein **eigenständiges Lernfeld** aufgegriffen und besonders sorgfältig gelehrt.

8. **Aufgaben der Lehrkraft**
Die **Lehrperson beobachtet** das kooperative Arbeiten, **analysiert** das Gruppengeschehen und **gibt den Gruppen ein Feedback** in Bezug auf ihre Arbeitsprodukte und die Qualität ihrer Zusammenarbeit.

4 Die drei Grundannahmen des Kooperativen Lernens

Das Kooperative Lernen geht zunächst von den folgenden **drei grundlegenden Prinzipien** aus:

> 1. **Lernen** wird in weiten Teilen **als ein sozialer Prozess** gesehen, in dem man durch vielfältige Auseinandersetzung mit Anderen Wissen und Kompetenz erwirbt.
>
> 2. Schüler wollen gern in **Kontakt mit ihren Mitschülern** sein. Dieses wird im lehrerzentrierten Unterricht oft als Stören („Schwätzen") unterbunden oder sanktioniert.
> Beim Kooperativen Lernen wird das Bedürfnis nach Interaktion mit Gleichaltrigen in der strukturierten Kleingruppensituation konstruktiv und positiv genutzt.
>
> 3. **Lernen durch Lehren** bringt Vorteile und wirkt nachhaltiger.
> Im Kleingruppenunterricht werden bewusst und geplant Situationen erzeugt, in denen Schüler sich gegenseitig Lerninhalte „beibringen".

Prinzipien des Kooperativen Lernens

5 Die fünf Basiselemente des Kooperativen Lernens

Grundlegend für die Arbeit in kooperativen Kleingruppen sind die im Folgenden beschriebenen fünf Basiselemente (Johnson, Johnson & Holubec 1993):

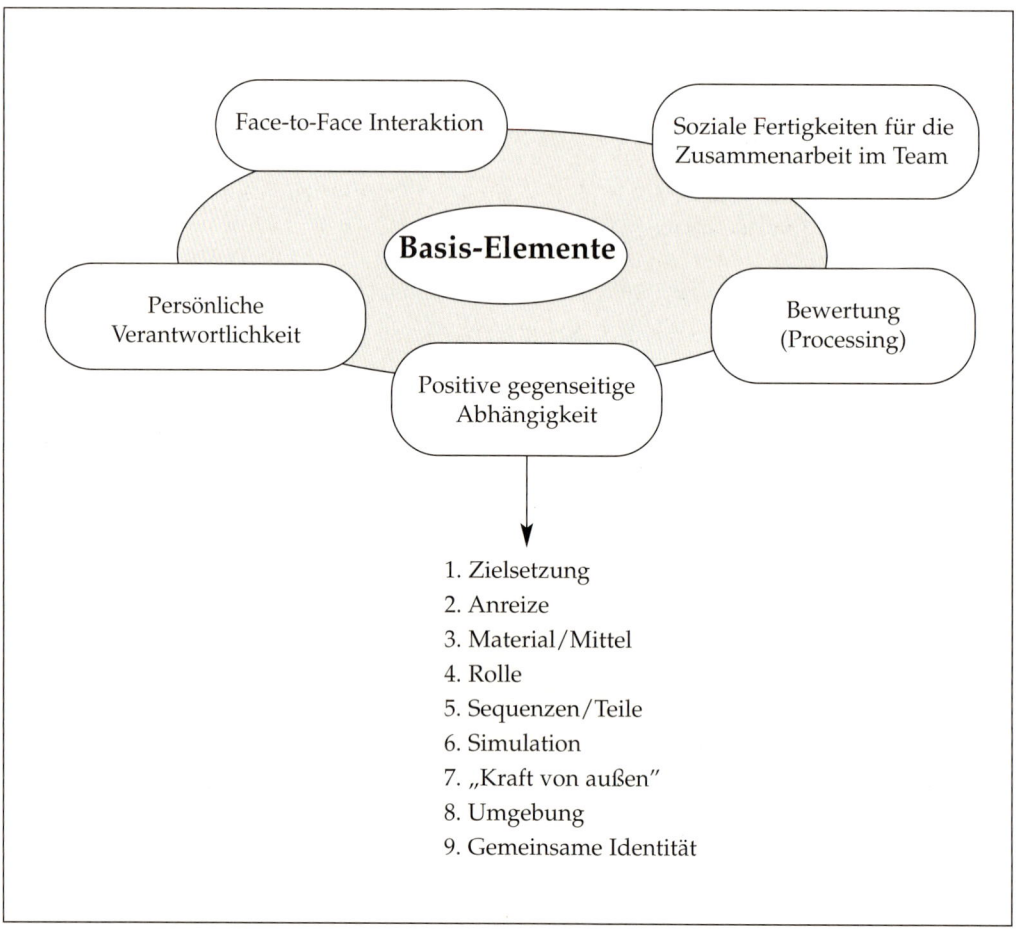

Basiselemente der Arbeit in kooperativen Kleingruppen

Effektive Kleingruppenarbeit in Gang setzen bedeutet, den Gruppenmitgliedern klar zu machen, wie wichtig Zusammenarbeit ist und dass der Erfolg der Gruppe von jedem Einzelnen und seinem persönlichen Einsatz abhängig ist. Dies kann erreicht werden, indem man fünf Basiselemente in die Kleingruppenarbeit einführt. Letztendlich werden diese Elemente Werkzeuge zum Problemlösen und zum erfolgreichen Arbeiten in Gruppen.

1. Soziale Fertigkeiten/Teamkompetenz (social skills)
Interaktionsformen, die dazu beitragen, dass die Gruppenprozesse gedeihlich verlaufen (z. B. sich melden, sich gegenseitig ermutigen, einander zuhören, Hilfen anbieten, sich gegenseitig loben). Solche Fähigkeiten verbessern die Kommunikation, das Vertrauen, die Verhandlungsfähigkeit, die Entscheidungsfindung und befördern angemessene Konfliktlösungsstrategien.

2. Face-to-Face Interaktion
Viele Inhalte Kooperativen Lernens lassen sich nur diskursiv in der Gruppe behandeln. Um hier erfolgreich zu sein, braucht es zunächst einen angemessenen äußeren Rahmen: Die Gruppenmitglieder sitzen nahe beieinander, so dass sie sich ohne Mühe sehen und hören können und die Kommunikations- und Interaktionsprozesse auf diese Weise optimiert werden. Die Gruppenmitglieder müssen zudem lernen, aufeinander bezogen zu denken und zu handeln, d. h. Perspektiven und Anmerkungen anderer werden aufgenommen, überprüft und gegebenenfalls in das eigene Denken und Handeln integriert. Es wird diskutiert, verhandelt und abgewogen bis hin schließlich zum erarbeiteten Konsens der Gruppe.

3. Persönliche Übernahme von Verantwortung
Jedes Gruppenmitglied fühlt sich sowohl für die eigenen als auch die Gruppen-Lernprozesse verantwortlich und trägt tatkräftig zur Vollendung dieser Aufgabe bei. Die Gruppenmitglieder sind daran interessiert, dass die Lernresultate jedes Mitgliedes maximiert werden.

4. Positive gegenseitige Abhängigkeit
Alle Mitglieder einer Gruppe fühlen sich verbunden durch das Hinarbeiten auf ein gemeinsames Ziel. Die Gruppe insgesamt ist nur erfolgreich, wenn jeder Einzelne dazu beiträgt.

5. Bewertung/Evaluation der Gruppenprozesse
Die Gruppenmitglieder reflektieren und bewerten ihre gemeinsamen Anstrengungen, um ihre kooperativen Kompetenzen und ihre Arbeitsstrategien stetig zu verbessern.

5.1 Basiselement 1: Soziale Fertigkeiten/Teamkompetenz

Wenn Kinder – wie oben ausgeführt wurde – immer weniger und nur unzureichend Gelegenheit haben, förderliche Sozialerfahrungen zu machen, um Sozial- und Selbstkompetenz zu entwickeln, dass erfolgreiches, kooperatives Arbeiten aber gerade auf diese Kompetenzen angewiesen ist, wird deutlich, warum im Modell des Kooperativen Lernens so viel Wert auf die Vermittlung von sozialen Interaktionszielen gelegt wird, warum soziales Lernen ausdrücklich zum eigenständiges Lern- und Übungsfeld erklärt wird.

Im Folgenden soll anhand von zwei Beispielen aufgezeigt werden, wie dies im Modell des Kooperativen Lernens sehr pragmatisch und einfach handhabbar erfolgt (Beispiele entnommen aus: Bennett/Rolheiser/Stevahn: Where Heart meets Mind). Wie dies generell für jeglichen Lerninhalt gilt, so muss auch beim sozialen Lernen auf sinnvolle Gliederung und „Portionierung" geachtet werden. Das heißt konkret, dass man – insbesondere in der Einführungsphase des Kooperativen Lernens – sicherlich nicht täglich ein neues Sozialziel einführen und „abarbeiten" kann. Die Erfahrung vieler Lehrpersonen zeigt, dass die Bearbeitung eines Sozialzieles pro Woche in der Einführungszeit meist gut gelingt.

Generell sollte bei der Vermittlung von Sozialzielen gemeinsam mit den Schülern Folgendes geklärt werden:

- Warum ist es wichtig, die entsprechende Sozialfertigkeit zu erlernen und zu beherrschen?
- Wie sieht die Sozialfertigkeit konkret aus (welches Verhalten zeigt die Beherrschung des entsprechenden Sozialziels an?)
- Wie kann das Sozialziel eingeübt werden?
- Wie gut wird die Sozialfertigkeit bereits gehandhabt/wie kann sie noch verbessert werden?

Leitfragen bei der Vermittlung von Sozialzielen

Beispiel 1: Angemessene Lautstärke im Gruppenunterricht verwenden

Nehmen wir an, eine Lehrerin beobachtet in ihrem Gruppenunterricht ständig, dass die Schüler zwar engagiert arbeiten, aber zunehmend lauter werden und schließlich der hohe Lärmpegel alle nervös macht und häufiger schon zu Streit zwischen Gruppen und einzelnen Teammitgliedern geführt hat. Sie spricht mit der gesamten Klasse darüber und alle beschließen, das Ziel „Angemessene Lautstärke im Gruppenunterricht verwenden" ab der nächsten Woche besonders zu bearbeiten.

Schritt 1: **Warum ist dieses Ziel, diese Fertigkeit, wichtig für uns?**
Erarbeitungsmöglichkeiten:
- Abspielen einer Audio- oder Videokassette: Schüler im Unterricht, die in angemessener Lautstärke miteinander arbeiten vs. Schüler, die zu laut sind
  Vergleich der Beispiele: Diskussion über Vor- und Nachteile
- Rollenspiel zur selben Situation
- Tafelbild oder Herstellen eines Posters oder Wandzeitung

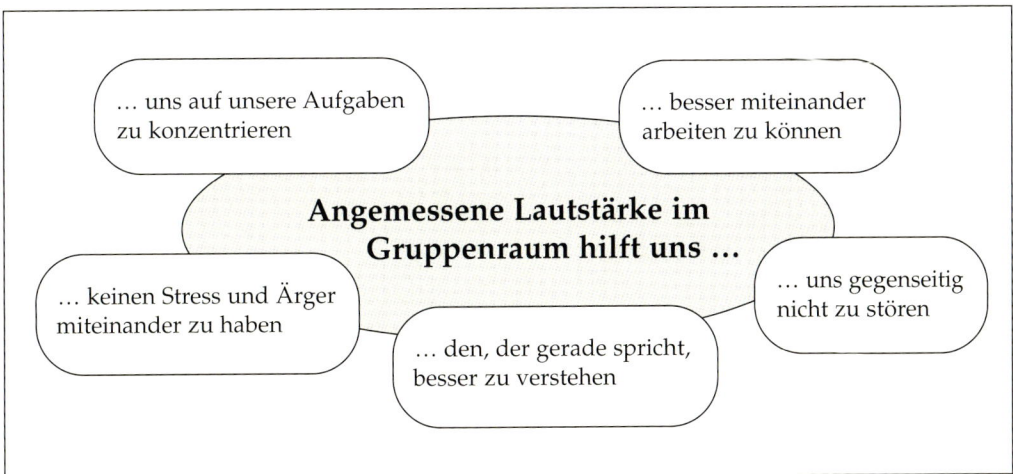

Schüleräußerungen zum Lernziel „Angemessene Lautstärke"

Schritt 2: **Wie sieht das Sozialziel/die Sozialfertigkeit inhaltlich konkret aus? Woran kann man erkennen, dass man die Fertigkeit beherrscht?**
Erarbeitungsmöglichkeiten:
– Entwicklung eines T-Diagramms (T-Chart) nach den Kategorien „Tun" und „Sagen" oder „Ich höre" und „Ich sehe". Damit ist gemeint, dass man bei jemandem, der das Sozialziel erfüllt – in diesem Fall: in angemessener Lautstärke spricht – ganz bestimmte konkrete Dinge sehen und hören kann.

Sozialziel: Angemessene Lautstärke im Gruppenunterricht	
Ich sehe	Ich höre
– Schüler sitzen nah beieinander.	– Flüstern oder halblautes Reden
– Schüler beugen sich vor in die Gruppe.	– Benutzen der 30-cm-Stimme
– legen Finger auf den Mund. Signal: „Leise"	– Lasst uns die „Innen"-, nicht die „Außen"-Stimmen benutzen.
– Geste mit der Hand:	– Kommt, wir müssen leiser sein!
	– Lasst uns aufpassen, dass wir nicht so laut werden.
	– …, du leistest tolle Beiträge, aber sprich bitte leiser.

T-Diagramm zum Sozialziel „Angemessene Lautstärke im Gruppenunterricht"

Mit der T-Diagramm-Methode werden Fertigkeiten, die gedeihlichen, förderlichen sozialen Umgang bei der Gruppenarbeit erst ermöglichen, nicht im Nebel individueller Zuschreibung und daraus resultierender subjektiver Erwartungen in Bezug auf entsprechende Verhaltensweisen belassen, sondern sie werden transparent gemacht, klar und konkret formuliert, am besten und gewinnbringendsten mit den Schülern gemeinsam.

Die Konkretisierungs- und Operationalisierungsarbeit mit der T-Diagramm-Methode spielt im Kooperativen Lernen eine große Rolle, weil eine Reihe von Vorteilen damit verbunden ist:

1. **Erstrebenswerte Verhaltensweisen werden konkret benannt**, erklärt, verdeutlicht und eingegrenzt. Damit entsteht sowohl für Schüler als auch für Lehrer ein verbindlicher, verlässlicher, Sicherheit spendender Rahmen.
2. Es wird ein klares, leicht nachvollziehbares, von weitgehender Eindeutigkeit geprägtes **positives Verhaltensmodell** für die Schüler erfahrbar und handhabbar gemacht.
3. Ein **Selbstmanagement** (personal mastery) **der Schüler wird angebahnt und ausgebaut** durch Thematisieren, Reflektieren und bewusstes Modellieren des eigenen Verhaltens.
4. **Schüler und Lehrer**, aber auch Schüler untereinander, einigen sich in Bezug auf bestimmte Verhaltensausprägungen auf **„dieselbe Sprache"**. Die gemeinsamen, transparenten Prozesse, die dorthin führen, befördern gutes Einvernehmen und Vertrauen.
5. Insgesamt werden damit die **kommunikativen Prozesse, das gegenseitige Verstehen** und ein positiver, reibungsfreier Umgang miteinander **erleichtert**.

– Angemessene Gruppenarbeitslautstärke bekommt einen „Namen": Die „30- oder 40- Zentimeter- Stimme" z. B. meint die Entfernung, in der die Stimme gehört werden soll.
– Ein Gruppenmitglied übernimmt die Aufgabe des „Lautstärken-Checkers", der die Gruppe immer dann aufmerksam macht, wenn sie zu laut wird.
– „Messen" des Lärmpegels mit einem Lautstärkenindikator
– Eine zu laute Gruppe bekommt eine gelbe Karte auf den Tisch gelegt – analog zu den gelben Verwarnungskarten beim Fußball.
– Leise arbeitende Gruppen bekommen eine Belohnung (verbale Verstärker, Tokens …)

Schritt 3: **Konkrete Situationen, in denen die Sozialfertigkeit erprobt und gelernt werden kann**

Erarbeitungsmöglichkeiten:
Arrangements kooperativer Gruppenarbeit, die diese Sozialfertigkeit erfordern, wie z. B.
– Erarbeiten eines Team-Namens oder Logos im Brainstorming-Verfahren
– Einen Kompromiss durch eine Diskussion herbeiführen
– Gemeinsam Lösungsmöglichkeiten für ein Problem erarbeiten.

Für die erfolgreiche Ausbildung von Sozialfertigkeit ist die Anwendungs- bzw. konkrete Erprobungsphase wesentlich und unerlässlich. Ohne diese gleicht das Bemühen um Sozialkompetenz einer Trockenschwimmübung: Man häuft theoretisches Wissen über förderliches Sozialverhalten an, handelt aber in konkreten „Ernstsituationen" möglicherweise sehr unsozial.

Spencer Kagan führt in diesem Zusammenhang folgendes Beispiel an: „For years, traditional (formal) approaches to the acquisition of social skills failed. Students memorized the eight major approaches to conflict resolution. They then passed the test on the topic. The bell rang for recess and they went out on the playground. They got into a conflict and they beat each other up! Learning about social skills is not the same as acquiring social skills. Cooperative Learning is a natural arena within which to acquire social skills." (Kagan 1992)

Schritt 4: **Bewertung der Sozialfertigkeit. Wie gut wird das Sozialziel beherrscht?**
Bearbeitungsmöglichkeiten:
- Im Gruppengespräch Einschätzungen vornehmen, wie gut man das Sozialziel schon erfüllt hat und was man das nächste Mal noch besser machen sollte.
- Ausfüllen von Bewertungsbögen durch die Schüler/innen wie z. B

---Material---

1. Wie gut haben wir das Sozialziel „angemessen laut sein" erfüllt?
Diskutiert darüber in eurem Team und kreuzt an:

○ meistens leise gewesen

○ ab und zu laut gewesen

○ fast nur zu laut gewesen

Erklärt, warum ihr so wart:

_____
_____
_____

2. Was könnt ihr nächstes Mal besser machen?
Nennt mindestens zwei Möglichkeiten:
1. _____
_____
_____

2. _____
_____
_____

_____   Unterschriften   _____

_____   _____

Bewertungsbogen „Angemessene Lautstärke"

Beispiel 2: Andere ermutigen/ermuntern

In einer Klasse soll das Sozialziel „Andere ermutigen/ermuntern" bearbeitet werden.

Schritt 1: **Warum ist dieses Ziel für uns wichtig?**
Erarbeitungsmöglichkeiten:
- Klären der Begriffe „Ermutigen/Ermuntern" durch:
    → Brainstorming in Gruppen mit Erarbeitung einer vorläufigen „Definition"

    → Lehrerimpuls: Denkt eine Minute über diese Äußerungen nach. Sprecht zwei Minuten mit einem Partner darüber.

- Schüler erstellen eine Liste von positiven Auswirkungen, die bewusstes Ermuntern für das Gruppengeschehen hat.
  Mögliche Schüleräußerungen
  1. man fühlt sich gut
  2. man spürt, dass man den anderennicht egal ist
  3. man hat wieder Lust, weiter zu machen
  4. man freut sich, dass man sich und die anderen weiter gebracht hat
  5. man ist ein bisschen stolz auf sich selbst
  6. man baut Selbstvertrauen auf

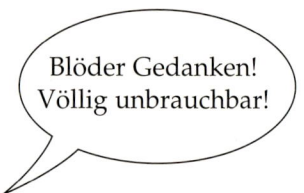

- Im Gegenzug dazu wird gemeinsam reflektiert, welche Effekte gegenteiliges Verhalten wie „Herabwürdigen", „Runtermachen" für die Gruppenprozesse und den Erfolg der Gruppenarbeit hat.
  Mögliche Schüleräußerungen
  1. man fühlt sich überhaupt nicht wohl
  2. man wird vielleicht mutlos, zieht sich zurück und sagt gar nichts mehr
  3. man wird vielleicht „wütend", „schießt" zurück, Streit entsteht
  4. zügiges Weiterarbeiten ist meist nicht mehr möglich
  5. man hat nicht mehr viel Ansporn weiter zu machen
  6. man hat wahrscheinlich wenig Freude an den anderen und der ganzen Arbeit

Schritt 2: **Wie sieht die Sozialfertigkeit konkret aus?**
Erarbeitungsmöglichkeiten:

– Entwicklung eines T-Diagramms

Sozialziel „Andere ermutigen/ermuntern"

Ich sehe	Ich höre
– Du schaust mich an.	– Spitze! Klasse! Super!
– Du wendest dich mir zu.	– Guter Gedanke!
– Du lächelst freundlich, aufmunternd an (ausprobieren, vormachen).	– Mach das mal vor, das ist toll!
	– Erklär das noch mal, das ist wichtig!
– Du nickst mir zu.	– Du kannst das wirklich toll, zeig das noch mal!
– Du klopfst mir anerkennend auf die Schulter.	– Wir schaffen es!
– Du klatscht Beifall.	– Tolle Idee, lasst uns das weiter verfolgen!
– Du machst folgende Handgeste: „Spitze"	– Das kann doch gar nicht so schwer sein, lasst es uns noch einmal versuchen.
	– Lasst uns ruhig bleiben, wir haben schon viel geschafft, dies kriegen wir auch noch hin!
	– Kommt, wir geben jetzt nicht auf!

T-Diagramm zum Sozialziel „Andere ermutigen/ermuntern"

– Arbeitsblatt zum gemeinsamen **Erarbeiten ermutigender Äußerungen** in verschiedenen Situationen (siehe folgende Seite)

– Erstellung eines Plakats oder Posters: Auflistung von ermutigenden Slogans (siehe übernächste Seite)

Die konzeptionellen Bestimmungsstücke des kooperativen Lernens

— Material —

Was würdest du deinem Partner sagen? Fülle die Sprechblasen aus.

– Dein Partner hat eine Mathematikaufgabe falsch gelöst …

– Ihr arbeitet am Computer und dein Partner drückt den falschen Knopf …

– Ein Gruppenmitglied beteiligt sich nicht an der Arbeit …

– Dein Partner versteht eine Erklärung nicht …

– Ein Gruppenmitglied spielt den Chef und lässt niemanden zu Wort kommen …

– Dein Partner verliert die Lust am Arbeiten und möchte aufgeben …

– Deine Partner helfen dir, etwas zu verstehen …

– Ein Gruppenmitglied äußert eine kreative Idee, die alle weiterbringt …

Arbeitsblatt zu ermutigenden Äußerungen (nach: Bennett/Rolheiser/Stevahn)

Die konzeptionellen Bestimmungsstücke des kooperativen Lernens

— Material —

Fallen dir weitere aufmunternde Sätze ein?

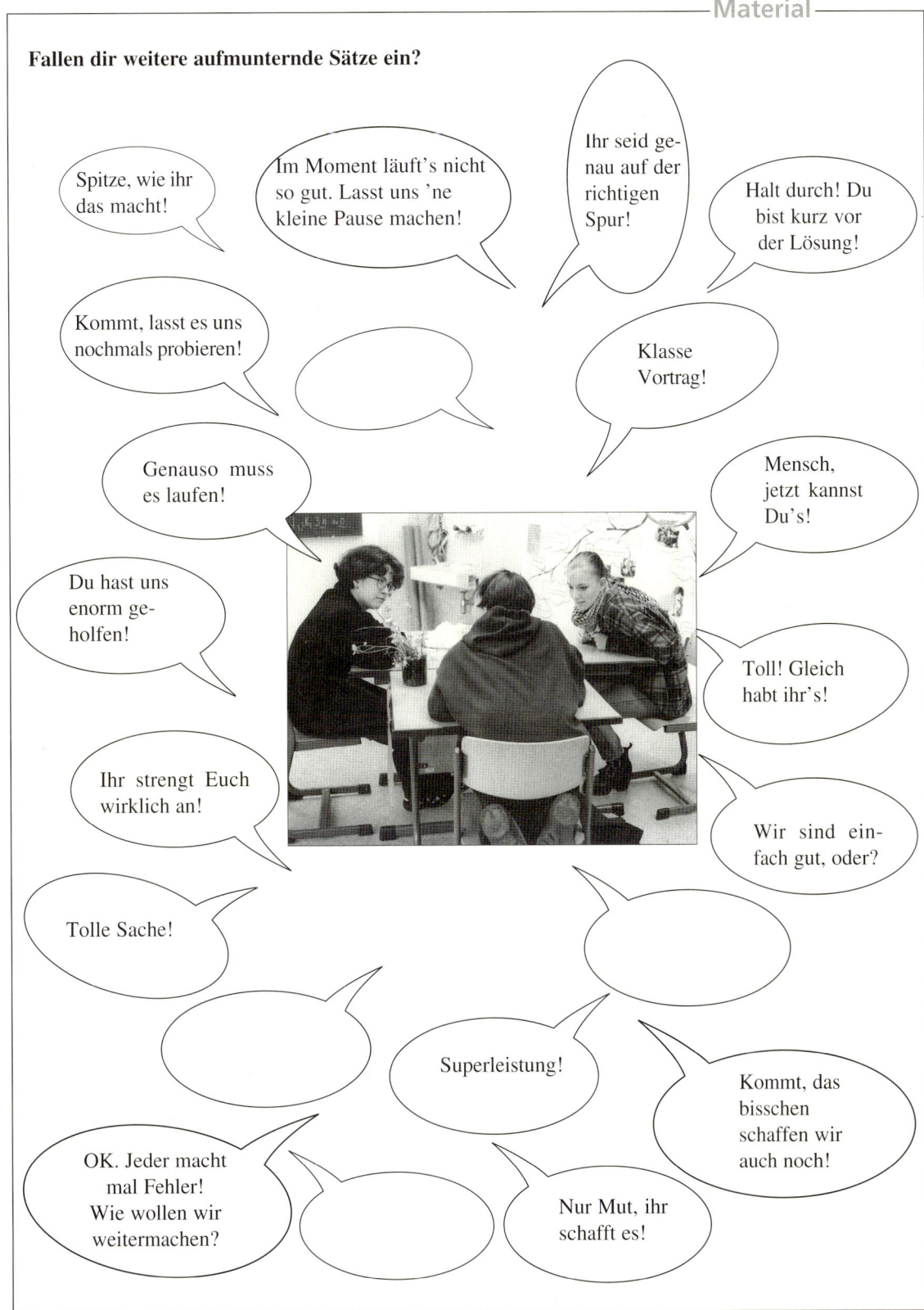

- Spitze, wie ihr das macht!
- Im Moment läuft's nicht so gut. Lasst uns 'ne kleine Pause machen!
- Ihr seid genau auf der richtigen Spur!
- Halt durch! Du bist kurz vor der Lösung!
- Kommt, lasst es uns nochmals probieren!
- Klasse Vortrag!
- Genauso muss es laufen!
- Mensch, jetzt kannst Du's!
- Du hast uns enorm geholfen!
- Toll! Gleich habt ihr's!
- Ihr strengt Euch wirklich an!
- Wir sind einfach gut, oder?
- Tolle Sache!
- Superleistung!
- Kommt, das bisschen schaffen wir auch noch!
- OK. Jeder macht mal Fehler! Wie wollen wir weitermachen?
- Nur Mut, ihr schafft es!

Liste ermutigender Äußerungen (nach Bennett/Rolheiser/Stevahn)

Wie man inhaltlich-methodisch an der Ausbildung von Sozialkompetenz arbeiten kann, wurde an den vorhergehenden Beispielen gezeigt.

Einen entsprechenden organisatorischen Rahmen hierfür bietet der „structural approach" nach Spencer Kagan. Er geht davon aus, dass allein durch das Gruppensetting beim Kooperativen Lernen und die dort automatisch stattfindenden vielfältigen interaktiven und kommunikativen Prozesse Schüler wesentlich mehr Sozialfertigkeiten erlangen und beherrschen als solche, die vorwiegend lehrerzentrierten Frontalunterricht gewöhnt sind. Allerdings reiche dieses in aller Regel ganz natürlich und automatisch durch den Umgang mit Gleichaltrigen sich ergebende soziale Knowhow nicht aus. Um die Gruppenprozesse erfolgreicher und effizienter zu machen, müsse der Erwerb von Sozialfertigkeiten eigens thematisiert und strukturiert werden in Form eines Sozialziele-Curriculums.

Im Zuge dessen schlägt Kagan die Einrichtung eines „social skills center" in jedem Klassenzimmer vor. Wir haben diese gute Idee übernommen und nennen den Ort, an dem die aktuellen Sozialziele ausgehängt werden, „Sozialziele-Center".

Das Wochenziel „Höflich sein" im Sozialziele-Center

Hier kann wahlweise ein Sozialziel der Woche oder – bei Bedarf – auch ein Ziel des Tages, einer Unterrichtseinheit oder einer Stunde formuliert und visualisiert werden.

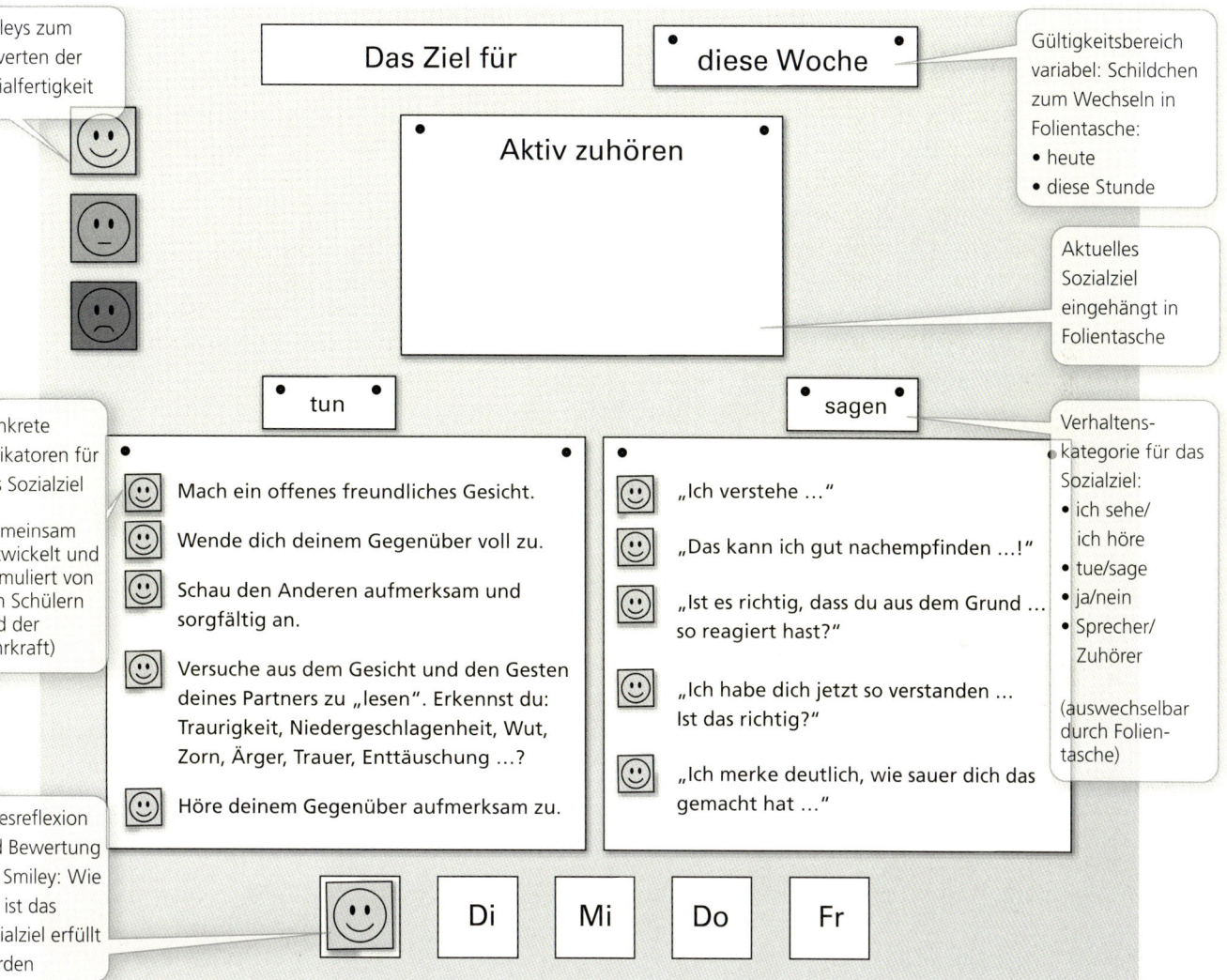

Das Wochenziel „Aktiv zuhören"

Wesentliche Gesichtspunkte/Prinzipien bei der Arbeit mit dem Sozialziele-Center sind:
– Erfolgreiche Gruppenarbeit mit nachhaltigen, wirksamen Lernprozessen für die Gruppenmitglieder ist auf bestimmte interaktive und kommunikative Sozialfertigkeiten angewiesen (z. B. aktives Zuhören, Ideen einbringen, Ideen anderer aufgreifen und weiter entwickeln, einander helfen und sich gegenseitig unterstützen …)
– Die Schüler/innen müssen den Sinn und den Stellenwert dieser Fertigkeiten als grundlegende Determinante ihres erfolgreichen Zusammenarbeitens erfahren (Warum ist es für uns wichtig, diese Sozialfertigkeit zu beherrschen?).
– Den Schüler/innen muss klar werden, was genau mit einer bestimmten Sozialfertigkeit gemeint ist. Aus diesem Grund wird konkret nach Verhaltensmerkmalen, nach In-

dikatoren für eine Sozialfertigkeit gefragt. Erwartungen an erwünschtes Sozialverhalten werden also operationalisiert und herunter gebrochen auf beobachtbare Verhaltensausprägungen (Was kann man von jemandem sehen und hören, der dieses Sozialziel erfüllt?).
- Das Herausarbeiten solcher Verhaltensindikatoren erfolgt in Gemeinschaftsarbeit der Klasse mit der Lehrperson. Die Schüler/innen sind also bei der Erarbeitung, Aushandlung und schließlich der Festsetzung der daraus abgeleiteten Klassenregeln aktiv und entscheidend beteiligt. Dies fördert eine ungleich höhere Akzeptanz als ein allein von der Lehrkraft vorgegebener Regelkatalog – mag er noch so plausibel sein (vgl. Kohlberg 1996).
- Die Schüler/innen bekommen durch die Sozialform kooperativer Gruppenunterricht vielfältige Trainings- und Übungsfelder für die authentische Anwendung der erarbeiteten Sozialfertigkeiten. So können sich wichtige Sozialverhaltensweisen durch die Thematisierung, stetige Anwendung und Übung entwickeln und festigen.
- Als letzter wichtiger Baustein beim Erwerb von Sozialkompetenz ist die Reflexion, Rückmeldung und Bewertung des Erfolgs im Umgang mit einzelnen Sozialfertigkeiten von Belang. Hier wird gefragt, wie gut beherrsche ich ein bestimmtes Sozialziel schon, wie und wo genau muss ich mich noch verbessern?

Die Auswahl eines Wochenzieles – insbesondere dann, wenn man erst wenig kooperative Arbeitserfahrung hat – ist sicherlich nicht einfach. Meist stellen wir fest, dass eine ganze Reihe von Sozialfertigkeiten im Argen liegen und oft nicht ansatzweise ausgebildet sind. So beobachten wir anfangs oft, dass Schüler bei der Gruppenarbeit:
- einander nicht zuhören
- sich gegenseitig ins Wort fallen, übertönen und zu laut werden
- sich mit ihren Meinungen nicht ernst nehmen
- nicht bei der Aufgabe bleiben
- sich um die Führungsrolle streiten
- sich gegenseitig runtermachen, beschimpfen etc.

Derartige Erlebnisse sind dann leider allzu häufig dazu angetan, ein wenig erschreckt und enttäuscht wieder zum bewährten lehrerzentrierten Unterricht zurückzukehren, um wieder – wie gehabt – vom vielen Reden, Erklären, Erläutern, Ausführen, Ermahnen, zur Ruhe Rufen, Motivieren und Disziplinieren schließlich völlig erschöpft und erschlagen mittags die Schule zu verlassen in der Überzeugung, dass die Schüler einfach noch nicht reif sind für offenere Unterrichtsmethoden.

Übersehen wird dabei, dass ein „Reif-Sein" für Gruppenunterricht sich meist nicht als eine Funktion der Zeit oder des Alters automatisch ergibt, sondern dass Sozialfertigkeit unbedingt aktiv und praktisch handelnd in der stetigen Auseinandersetzung mit Personen oder Gruppen erworben wird. Gemeinschafts- und Teamkompetenzen, die sowohl im privaten wie im beruflichen Kontext eine zentrale Rolle spielen, können nur in einem entsprechenden sozialen Gefüge erfahren, erprobt und gelernt werden. Für den Schulalltag heißt das: **Im täglichen Unterricht zahlreiche und vielfältige Möglichkeiten schaffen für Sozialerfahrungen, Partner- und Gruppenarbeit anbahnen, ausbauen und kultivieren.**
Um angesichts der oben aufgeführten Defizite in der Ausprägung verschiedener Sozialfertigkeiten doch produktiv weiter arbeiten zu können, empfiehlt es sich, ganz beschei-

den mit einem einzigen Ziel zu beginnen. Im oben beschriebenen Fall könnte dies sinnvollerweise die Fertigkeit „Einander zuhören" oder „Andere ausreden lassen" sein. In der 2. oder 3. Woche könnte man am Ziel „Angemessene Lautstärke bei der Gruppenarbeit" (s. Seite 37) arbeiten, später dann sollte das Ziel „Sich nicht ablenken lassen" aufgegriffen werden. Schließlich sollte ausführlich an den Sozialzielen „Andere ermutigen" und „Andere loben" als positives Gegenstück zu „Andere runtermachen" gearbeitet werden. Auf welche Art und Weise und in welchem zeitlichen Rahmen man die einzelnen Sozialfertigkeiten – sei es als Tages- oder als Wochenziel – konkret in einer kooperativen Lerneinheit vermitteln kann, präzisiert Kapitel IV.

5.2 Basiselement 2: Herstellen eines förderlichen Kommunikationsrahmens, der direkte Interaktion zulässt (Face-to-Face Interaktion)

Der äußere Rahmen spielt bei der Durchführung kooperativen Lernens eine entscheidende Rolle und hat deutlich Einfluss auf die Qualität der Kommunikation und Interaktion, die in einer Gruppe stattfinden.

Ein angemessener äußerer Rahmen sollte folgenden Bedingungen genügen:

⇒ Die Gruppenmitglieder sitzen nah beieinander, im Stuhlkreis, um einen Tisch herum oder auf einem markierten Platz am Boden. Die „30–40 cm-Stimmen" (s. S. 37) müssen ausreichend sein.

⇒ Jedes Gruppenmitglied muss jedes andere mühelos anschauen können und ihm zugewandt sein.

⇒ Zwischen den einzelnen Gruppen sollte eine hinreichende räumliche Distanz vorhanden sein, so dass sich die Teams nicht gegenseitig stören.

⇒ Die einzelnen Tische sollten mühelos zu einer größeren Gruppen-Arbeitsfläche zusammensetzbar sein (eye-to-eye, knee-to-knee, nose-to-nose, toes-to-toes).

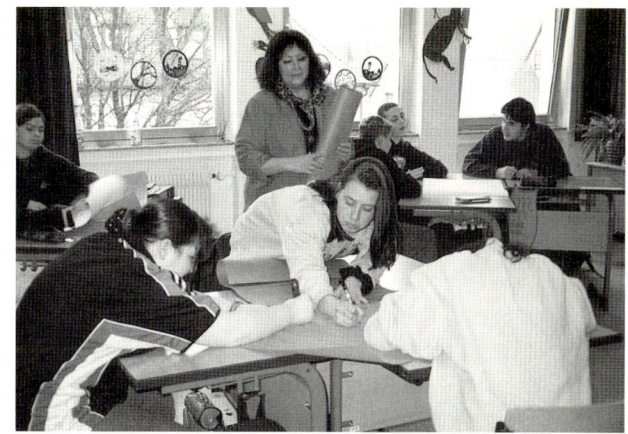

5.3 Basiselement 3: Übernahme persönlicher Verantwortung für Gruppenprozesse (Individual accountability)

Was ist damit gemeint?

Beim Kooperativen Lernen macht sich die Übernahme persönlicher Verantwortung folgendermaßen deutlich:

– Jedes Gruppenmitglied bringt sich verantwortungsvoll in den gemeinsamen Lernprozess ein und trägt dazu bei, dass die Gruppenarbeit erfolgreich ausgeführt wird.

- Jedes Gruppenmitglied kann individuell erklären, welche konkrete Aufgabe die Gruppe hatte, was diskutiert und gelernt wurde, welche Lernwege (und evtl. Umwege) beschritten und wie die Arbeitsprozesse gestaltet wurden.
- Jedes Gruppenmitglied hilft verlässlich im Bedarfsfall anderen Teammitgliedern, wenn sie etwas nicht so gut verstehen oder wenn sie sich aus dem Gruppenprozess „ausklinken" wollen.

Das Einbringen persönlicher Verantwortung in einem kooperativen Kontext bedeutet also, dass Gruppenmitglieder so miteinander interagieren, dass sowohl der Lernerfolg der Gruppe als auch der jedes einzelnen Mitglieds maximiert wird.

Warum handeln Schüler in der oben beschriebenen Weise?
Dass Schüler sich bei einer Gruppenarbeit derart förderlich verhalten, ist mit Sicherheit keine Selbstverständlichkeit. Dies ergibt sich meist auch nicht automatisch durch das Gruppensetting, sondern in aller Regel müssen diese Kompetenzen thematisiert und schrittweise vermittelt werden. Sicherlich spielt hier die Motivation der Schüler eine entscheidende Rolle. Wenn mit Motivation allgemein der Wunsch, das Anliegen gemeint ist, sich in Bezug auf ein bestimmtes Ziel hin besonders anzustrengen, dann ist auch das Einbringen persönlicher Verantwortung für das Lernen nicht schwer. In der Regel besteht dann ein hinreichend hoher Grad an Neugier und Interesse, sich mit einer Aufgabe, einem Problem auseinanderzusetzen und zu einer Lösung zu bringen.

Um einen möglichst hohen Grad an persönlicher Verantwortung zu erreichen, sollte die Motivation zum Lernen entsprechend vorhanden sein.

Wir alle wissen jedoch, dass die Motivationslage unserer Schüler aufgrund vieler Faktoren sehr unterschiedlich sein kann.

Generell lässt sich jedoch das Ausmaß der Motivation für einen Lernbereich sicherlich günstig beeinflussen, wenn folgende neun Bedingungen erfüllt sind:

1. Erfolg
Schüler verstehen die Aufgaben und sind hinreichend davon überzeugt, sie letztlich lösen zu können, wenn sie also ziemlich gewiss sind, erfolgreich sein zu können.

2. Angemessenes Anforderungsmaß
Lerninhalte machen für die Schüler Sinn, wenn Stellenwert und Relevanz erkannt werden, wenn also ein bestimmtes Angesprochen-Sein, ein bestimmtes Anforderungsmaß besteht.

3. Anreiz durch interessanten Lerninhalt
Der Lerninhalt/Lernbereich erscheint interessant und dadurch wird ein Anreiz geschaffen.

4. Konstruktive Rückmeldung
Eine konstruktive Rückmeldung erfolgt über die Lernergebnisse.

5. Sozialförderliches Lernklima
Es herrscht ein positives, ermutigendes, sozialförderliches Lernklima.

6. Nähe der Lehrperson
Die Lehrperson zeigt Interesse am Fortgang der Gruppenarbeit, gibt gegebenenfalls Hilfestellungen und kontrolliert aber auch.

7. Anreize schaffen
Die Aussicht auf Belohnungen steigert die Motivation.

8. Zeitrahmen setzen
Durch eine angemessene Zeitvorgabe wird sowohl das Arbeiten unter Zeitdruck als auch das „Ausufern" bei zu viel Zeit ausgeschlossen.

9. Unterstützung
Durch „Hilfe zur Selbsthilfe" von Seiten der Lehrperson oder anderen Gruppenmitgliedern wird der Lernprozess in Gang gehalten.

Erfolg
Nichts ist erfolgreicher als der Erfolg! Erfolg signalisiert einem Schüler, dass seine Problemlösungsstrategien angemessen sind und korrekt angewendet werden. Und da das Selbstkonzept, das Ausmaß des erlebten Selbst-Wertes, entscheidend mit hinreichend rückgemeldetem Erfolg zu tun hat, heißt das für den Unterricht: Die Lernprozesse sind so zu organisieren und zu strukturieren, dass die (verschiedenen!) Schüler erfolgreich sein können.

Anforderungsgrad/Angesprochen-Sein von Aufgaben
Wenn sich Schüler von Aufgaben überhaupt nicht angesprochen fühlen und kein nennenswerter Anforderungsgrad besteht, wird kaum ein Lernen stattfinden und die Schüler langweilen sich. Andererseits – wenn das Anforderungsmaß als zu hoch erlebt wird – kann es leicht zu Frustrationen kommen, oder Schüler „blocken" einfach ab.
Für Lehrpersonen ergibt sich daraus die nicht immer leicht zu bewerkstelligende Aufgabe, den Anforderungsgrad von Lerninhalten, den Aufforderungscharakter sensibel auf ihre Schüler hin zu dosieren. Folgende Überlegungen können dabei hilfreich sein:

Angemessene, geschickte Fragetechnik
Über interessant und anregend formulierte Fragen kann man sicherlich die Aufmerksamkeit von Schülern – und damit ihre Bereitschaft, sich verantwortlich auf Lernen einzulassen – ankurbeln. Im lehrerzentrierten Unterricht werden dann aber meist nur die Antworten weniger Schüler abgefragt und mitunter ist es so, dass die etwas langsameren, nicht so wortgewandten, weniger selbstsicheren Schüler hier nicht so häufig zum Zuge kommen und möglicherweise die Auseinandersetzung mit einer Frage schließlich ganz unterlassen.
Diesem unguten Tatbestand wirkt der folgende, im Kooperativen Lernen sehr gebräuchliche methodische Weg entgegen (zu weiteren kooperativen Methoden siehe Kapitel 6):

An die Schüler ergeht die Aufforderung: „Jeder denkt bitte still für sich … Minuten über … nach!" oder: „Jeder überlegt sich bitte in … Minuten einen Lösungsansatz zu …"
Oder: „Denkt bitte – jeder für sich – … Minuten lang über eure Erfahrungen mit … nach!"
Nach dieser persönlichen „Denkzeit" werden die Schüler ermuntert, ihre Gedanken/Lösungen/Ergebnisse mit einem oder mehreren Partnern auszutauschen. Der Lehrer kann dann per Zufall verschiedene Schüler um eine Antwort bitten.

Der Vorteil dieses Verfahrens besteht darin, dass jeder Schüler zu Wort kommt (dies nimmt auch nicht zuviel Unterrichtszeit in Anspruch, weil simultan und nicht sequentiell gesprochen wird) und den Schülern signalisiert wird: Ich kann mich mitteilen, meine Bemühungen lohnen sich, sie werden wertgeschätzt. Außerdem haben schwächere oder zurückhaltendere Schüler die – sicherlich entlastende – Möglichkeit, Gedanken zunächst „ins Unreine" zu äußern, im intimen, schützenden Rahmen der Partnersituation oder der Kleingruppe.

Nähe und „Spürbarkeit" der Lehrperson

Wenn der Lehrer während der Gruppenarbeit zeitweilig von Tisch zu Tisch geht, beobachtet und sich Notizen macht, wird die Wahrscheinlichkeit, dass bestimmte Schüler sich aus einer Gruppenarbeit völlig heraus halten, sicherlich geringer.

Anreize schaffen

Wenn Schülern für die gemeinsam erbrachte erfolgreiche Gruppenarbeit eine attraktive Belohnung in Aussicht gestellt wird (oder der Verlust von etwas Attraktivem bei Nicht-Erreichen), wird die gemeinsame Anstrengung, das geforderte oder vereinbarte Ziel zu erreichen, wahrscheinlich höher.

Zeit

Der Zeitfaktor hängt sicherlich eng mit dem Grad des Sich-Einbringens und der persönlichen Anstrengungsbereitschaft zusammen. Manchmal ist es so, dass zuviel Zeit die Anstrengungsbereitschaft senkt. Erlebter Zeitdruck hingegen führt oft zu oberflächlichem Handeln, mitunter zu Blockaden, die die potentielle Leistungsfähigkeit negativ beeinflussen. Insbesondere kreatives und divergentes Denken kann unter Zeitdruck erheblich geschmälert werden. Für den Lehrer heißt das deshalb, den Zeitrahmen sensibel hin zu dosieren.

Unterstützungsangebote

Auch in Bezug auf Hilfe und Unterstützung sind Art und Ausmaß entscheidend. Die Schüler sollen ohne Frage die sichere Gewissheit haben, bei Engpässen oder vermeintlichen „Sackgassen" in ihrem Lernprozess Hilfe von Teamkameraden oder der Lehrperson zu bekommen. Dies darf jedoch nicht dazu führen, dass die Schüler von Hilfsmaßnahmen regelrecht abhängig werden. Die unterstützenden Maßnahmen sollten zudem als Hilfe zur Selbsthilfe erfolgen anhand von entsprechend gestellten, sondierenden Fragen, die neue Perspektiven eröffnen oder in Form von ermutigenden Hinweisen, die zur Weiterarbeit motivieren.

Konstruktive Rückmeldung über Lernergebnisse

Wenn wir wissen, dass das, was wir geleistet haben, gut und angemessen ist und wir prinzipiell davon überzeugt sind, erfolgreich sein zu können, fällt es uns auch nicht schwer, uns einzubringen und mit Interesse an einer Sache weiter zu arbeiten. Eine große Rolle spielt in diesem Zusammenhang die Rückmeldung in Bezug auf Schülerhandeln – sei es durch die Lehrperson oder sei es durch andere Gruppenmitglieder. Art und Qualität dieses Feedbacks können mitunter darüber entscheiden, ob wir begeistert an einer Sache weiter arbeiten oder ob wir uns demotiviert, enttäuscht und frustriert von einer Sache abwenden, oft in der Überzeugung: „Das ist zu schwer, zu nervend, zu langweilig, zu blöd, macht keinen Spaß." Rückmeldung über Lernprozesse oder Leistungen sollte daher – auch wenn sie berechtigte Kritik enthält – immer konstruktiv sein. Das heißt, sie sollte klar, prompt und deutlich unangemessenes Vorgehen oder ungünstige Verhaltensweisen benennen, aber auch Möglichkeiten und Wege aufzeigen, wie etwas besser gemacht werden kann. Die Sozialfertigkeit „Kritik in sozialverträglicher Weise äußern" oder „Dinge und nicht Menschen kritisieren" sind hier von hoher Relevanz (Näheres zur Ausbildung von Sozialfertigkeiten s. Kap. 4).

Positives Lernklima
Sich verantwortlich in Lernprozesse einzubringen und trotz möglicher Schwierigkeiten und Hemmnisse eine Aufgabe zu Ende zu bringen, hat viel mit der Lernumgebung, dem allgemeinen Lernklima, der Atmosphäre zu tun. Wenn Schüler erleben, dass Fehler und Misserfolge nicht als etwas Schlimmes, Unverzeihliches oder als persönliche Blamage gelten, und dass man deshalb von seinen Teamkameraden nicht ausgelacht oder runter gemacht wird, wird die Bereitschaft, auch Dinge in Angriff zu nehmen, die anfangs schwer erscheinen und ein vermeintlich hohes Fehlerrisiko in sich bergen, mit Sicherheit steigen. Hier wird klar ersichtlich, warum die teambildenden Maßnahmen im Kooperativen Lernen einen so hohen Stellenwert einnehmen: Sie sind dazu angetan, gegenseitiges Vertrauen und ein sich aufeinander Verlassen-Können zu transportieren (Teambildende Maßnahmen siehe Kap. 4)
Mit den folgenden Maßnahmen können Lehrer behilflich sein, ein positives Klassenklima herzustellen:

– Entgegenbringen von Wärme, Akzeptanz und Respekt

– Wertschätzung gegenüber Schüleräußerungen und -leistungen

– Positive Bekräftigung in Bezug auf Lernanstrengungen

– Aufstellen und Vermitteln von klaren Regeln und Erwartungen, die ruhige, sichere, überschaubare und förderliche Abläufe im Klassenzimmer gewährleisten

– Vermitteln von Sozialfertigkeiten (social skills), die die Schüler in die Lage versetzen, in positiver, wertschätzender und unterstützender Art und Weise miteinander umzugehen

The school's role
Since a child spends over half of each waking day in the school setting, the school is involved to a very large extent in the building of self-esteem. A majority of the people a child knows and relates to are met in the school setting. The way a child relates to peers and teachers, the social feedback received from those people, and the child's perceptions of those interactions, are crucial factors in the formation and building of self-esteem.
Beverly Brook, The Canadian School Executive

Exkurs:
Wege und Möglichkeiten, eine positive, von Wertschätzung getragene Schulatmosphäre zu schaffen – aufgezeigt am Beispiel der Franklin Elementary School, Quebec

Eines der Hauptanliegen der Schulleiterin der Franklin Elementary School ist seit langem der Aufbau und die Stärkung des Selbstwertgefühls ihrer Schülerinnen und Schüler: „Selbstvertrauen beeinflusst alles, was wir tun, jede Beziehung, die wir haben und alle unsere Erwartungen an Erfolg und Glück. Deshalb ist es für mich von großer Bedeutung, das Selbstvertrauen aller Schulmitglieder zu stärken." Die Verpflichtung der Schule zum Aufbau von Selbstbewusstsein zeigt sich in zahlreichen Initiativen:

1. **„Ertappt bei einer guten Tat"-Anstecker** werden als Anerkennung für sozialförderliches Verhalten überreicht
2. Lehrer tragen **T-Shirts** mit der Aufschrift: „Wir unterrichten hier die tollsten Kinder der Welt" oder: „Franklin School – unsere Kinder sind unsere Zukunft".
3. Überall in der Schule trifft man auf **Plakate mit Leitsprüchen:** „Durch diese Tür kommen ganz tolle Kinder", „Diese Schule erwartet von allen das Beste", „In dieser Schule haben wir Spaß am Lernen".
4. Die Schulleiterin ruft die Eltern nicht nur an, um Verfehlungen zu berichten, sondern um ganz bewusst **positive Rückmeldungen** zu geben.
5. In **wöchentlichen Zusammenkünften** stellen Schüler eigene Arbeiten vor, z. B. selbstverfasste Gedichte oder Geschichten. Ein „Schüler der Woche", ein Kind, das etwas Besonderes geleistet hat, erhält eine Auszeichnung.
6. Die Schulleiterin schreibt Schülern eine **Anerkennung für besondere Leistungen** fachlicher oder sozialer Art. Persönliche Briefe gehen auch an die Eltern der Schüler, die sich im Zeugnis besonders verbessert haben.
7. Zu ihrem **Geburtstag** erhält jeder Schüler eine Karte vom Kollegium und der Schulleitung.
8. Schülerinnen und Schüler, die gern möchten, dürfen in das Büro der **Schulleiterin** kommen, um **ihr vorzulesen.** Sie erhalten einen Anstecker „Ich habe der Schulleiterin vorgelesen".
9. Viert-, Fünft- und Sechsklässler haben die Möglichkeit als sog. **„Office Monitors"** im Büro der Schulleiterin bestimmte Aufgaben zu übernehmen. Die Schüler sind eine große Hilfe für die Schulleitung. Diese Erfahrung fördert ihr Gefühl für Verantwortung.
10. **Schüler** der 5. und 6. Klassen **geben Erwachsenen** in der Gemeinde **Einzelunterricht am Computer.** Dieses erfolgreiche Programm war eine hervorragende Möglichkeit für die Schüler, Verantwortungsgefühl zu entwickeln. Sie verbesserten ihr eigenes Computerwissen und entwickelten wertvolle interaktive und kommunikative Fertigkeiten.

(Green, Georgian College Teaching & Learning Centre)

Möglichkeiten des Ankurbelns persönlicher Verantwortung auf einen Blick

- Alle Gruppenmitglieder stehen vor der Klasse und übernehmen jeweils einen Teil ihrer Gruppenpräsentation.

- Die Lehrerin geht durch das Klassenzimmer von Gruppe zu Gruppe, spricht hier und da mit Einzelnen, beobachtet und macht sich Notizen. (Sie ist den Schülern ganz einfach nah!)

- Der Lehrer erklärt den Gruppenauftrag besonders sorgfältig, verständlich und klar, visualisiert ihn gegebenenfalls. Währenddessen stellt er bewusst Blickkontakt zu Schülern her, die leichter und schneller als andere gedanklich „aus dem Feld gehen".

- Die Gruppenmitglieder diskutieren miteinander, was in der Gruppe gut lief und einigen sich auf Verbesserungsschritte für das nächste Mal. Diese Gruppenreflexionen werden schriftlich fixiert – meist anhand eines strukturierten Papiers –, von allen Gruppenmitgliedern unterschrieben und der Lehrerin übermittelt.

- Jedes Gruppenmitglied schreibt mit einem andersfarbigen Stift Statements auf ein gemeinsames Brainstorming-Papier. (So wird sichtbar, ob alle sich aktiv einbringen!)

- Einzelne Schüler aus den Teams werden per Zufallsauswahl von Zeit zu Zeit drangenommen, um Gruppenergebnisse zu berichten.

- Teams werden per Zufall aufgerufen, um bestimmte Arbeitsfragen zu beantworten: „Zu welchen Ergebnissen ist das Team 4 gekommen?"

- Die Teams werden nummeriert und jedes Gruppenmitglied bekommt einen Buchstaben A, B, C … Der Lehrer ruft nun ein beliebiges Gruppenmitglied auf, z. B.: „Team 2, Gruppenmitglied B, berichte uns bitte, welche Lösungsmöglichkeiten ihr in eurer Gruppe diskutiert habt."

- Jedes Gruppenmitglied signiert per Unterschrift die Lösung der Gruppenaufgabe zum Zeichen, dass: die Aufgabe vollständig verstanden wurde, die aktive persönliche Mitarbeit gewährleistet wird, und das Einverständnis gegeben wird, dass jeder per Zufall aufgerufen werden kann, um einen Gruppenprozess zu erklären oder ein Gruppenergebnis zu erläutern.

- Jeder Schüler muss von Zeit zu Zeit in unregelmäßigen Abständen seinen Lernerfolg nachweisen in Form einer schriftlichen Arbeit. Die Gruppe bekommt einen Bonus, eine Belohnung, wenn jedes Gruppenmitglied ein vereinbartes Leistungslevel erreicht oder übertrifft.

- Der Lehrer greift manchmal in das Gruppengeschehen ein, um mit den Gruppenmitgliedern zu klären, ob und wie sie ihr individuelles Wissen einbringen und ermutigt sie, mindestens einen neuen Gedanken zur Sache beizusteuern. Nach einiger Zeit kehrt er zurück, um mit den Teammitgliedern über den Stand ihrer Arbeit zu sprechen.

- Die Lehrerin bittet die Gruppenmitglieder, für einige Minuten individuell über ein bestimmtes Problem nachzudenken. Nach dieser „Denkzeit" müssen alle bereit sein, ihre Ideen und Gedanken anderen mitzuteilen.

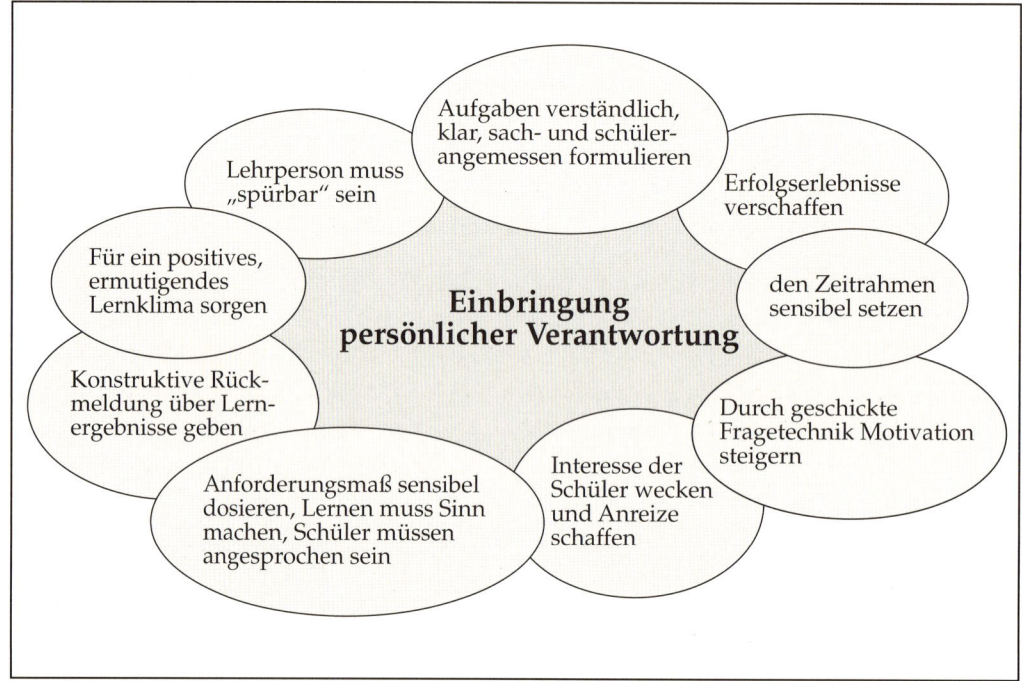

Wege und Möglichkeiten, persönliche Verantwortung für Lernprozesse zu kultivieren

5.4 Basiselement 4: Positive gegenseitige Abhängigkeit (Positive Interdependence)

Eine erfolgreiche kooperative Gruppenarbeit lebt davon, dass jedes Teammitglied genau weiß, welches seine persönliche Aufgabe ist und diese dann zuverlässig und verantwortungsvoll erledigt. Wie man persönliche Verantwortlichkeit für die gemeinsamen Lernprozesse anbahnen und fördern kann, wurde auf den vorhergehenden Seiten beschrieben. Eng verbunden mit der Übernahme persönlicher Verantwortung ist die positive gegenseitige Abhängigkeit beim kooperativen Gruppenlernen.
Damit gemeint ist ein Eingebunden-Sein in einen kooperativen Arbeitsprozess, in dem alle auf ein gemeinsames Ziel hin arbeiten. Die Erkenntnis und die Einsicht, dass jedes Gruppenmitglied seinen spezifischen Anteil einbringen muss, um den Erfolg der ganzen Gruppe überhaupt zu gewährleisten, ist grundlegend.
Wenn also der Erfolg eines Gruppenmitglieds eng verknüpft ist mit dem eines anderen oder mit dem der ganzen Gruppe, so sind sie in positiver Weise voneinander abhängig. Je stärker dieses konstruktive aufeinander Angewiesen-Sein als erfolgskonstituierender Faktor wahrgenommen wird, desto stärker wird sich förderliche Kooperation in einer Gruppe entwickeln.

Dass sich in einer Gruppe die geschilderte positive gegenseitige Abhängigkeitsbeziehung automatisch über die Zeit hin ergibt, ist eher unwahrscheinlich. Vielmehr sollten – und dies ist ein weiteres wichtiges Element des Kooperativen Lernens – spezifische Maßnahmen im Gruppenunterricht systematisch erfolgen.

Johnson & Johnson nennen neun Möglichkeiten, um die besagte positive gegenseitige Abhängigkeit zu erzeugen:

1. Ziel
Ein gemeinsames Ziel wird von und für die Gruppen aufgestellt. Es gilt als erreicht, wenn alle ihre Teilaufgaben beigetragen haben.

2. Belohnung
Die Gruppe erhält eine gemeinsame Belohnung, wenn alle Mitglieder erfolgreich waren.

3. Ressourcen/Materialien
Die Gruppe erhält nur ein Set von Materialien (z. B. ein Plakat, auf das alle schreiben, ein Info-Blatt, eine Schere ...)

4. Rollen
Jedes Gruppenmitglied übernimmt eine oder zwei komplementäre, für erfolgreiche Gruppenarbeit unerlässliche Arbeitsrollen, wie z. B. „Materialmanager", „Ausschneider" oder „Präsentator".

5. Sequenzen/Teile
Die Gesamtaufgabe wird in sinnvolle Untereinheiten untergliedert, auf die verschiedenen Gruppenmitglieder aufgeteilt und in festgelegter Reihenfolge durchgeführt.

6. Simulation
Die Gruppenmitglieder bearbeiten hypothetische Situationen, um in fiktiven Ausnahmesituationen ihre Verbundenheit und ihren Zusammenhalt zu beweisen.

7. „Kraft von außen"
Gruppen treten in Wettstreit gegen eine Herausforderung von außen, nicht gegeneinander! (z. B. das Ergebnis des letzten Tests zu überbieten)

8. Umgebung
Die Gruppenmitglieder sind miteinander verbunden durch die räumliche Nähe.

9. Identität
Die Teammitglieder bauen eine gemeinsame, spürbare, tragfähige Identität auf durch einen Gruppennamen, eine Flagge, ein Banner, ein Motto, einen „Schlachtruf", ein Lied.

Neun Bereiche zur Erzeugung von positiver gegenseitiger Abhängigkeit

5.4.1 Sequenz 1: Gemeinsames Ziel

❏ **Positive gegenseitige Abhängigkeit durch ein gemeinsames Ziel**

… ist dann gegeben, wenn alle Gruppenmitglieder erleben, dass sie an einem gemeinsamen, verbindlichen Ziel arbeiten.

Die Anstrengung, die jedes Teammitglied unternimmt, um dieses Ziel zu erreichen, macht sie im positiven Sinn voneinander abhängig, und der Erfolg hängt davon ab, dass alle Gruppenmitglieder das gesetzte Ziel erreichen.

Gemeinsame Ziele können beispielsweise sein:

- Ein gemeinsames Produkt erstellen (z. B. eine Wandzeitung zu einem bestimmten Thema)
- Eine gestellte Aufgabe ausführen
- Informationen korrekt analysieren und auswerten
- Einen vorherigen Gruppen-Leistungswert übertreffen
- Vereinbarte Sozialziele adäquat erfüllen

❏ **Methodische Möglichkeiten für die Umsetzung im Unterricht**

1. Von der Gruppe wird ein bearbeitetes Papier oder ein sonstiges Arbeitsprodukt verlangt.
2. Es wird für eine Fragestellung ein Mindeststandard an korrekten Antworten festgelegt oder ein Mindestmaß, das die Gruppenmitglieder in Hinblick auf die Erfüllung eines vereinbarten Sozialziels zeigen müssen.

❏ **Praktische Beispiele**

1. Erstellt auf diesem Plakat gemeinsam ein Diagramm. Jeder muss zur Anfertigung beitragen.
2. Um bei dieser Aufgabe erfolgreich zu sein, muss jedes Gruppenmitglied mindestens drei Ideen einbringen, wie der Weltfrieden befördert werden kann.
3. Euer Team ist fertig, wenn jeder von euch seinen entsprechenden Teil zum Experiment beigetragen hat und zusätzlich alle Teile des Experiments erklären kann.

5.4.2 Sequenz 2: Anreiz/Belohnung

❏ Positive gegenseitige Abhängigkeit durch eine Belohnung oder einen Anreiz

… ist dann gegeben, wenn jedes Gruppenmitglied sich anstrengt, eine ausgesetzte Belohnung zu bekommen. Diese wird aber nur gegeben, wenn das vereinbarte Teamziel erreicht wurde. Entweder alle oder niemand im Team wird belohnt.

❏ Methodische Möglichkeiten für die Umsetzung im Unterricht

1. Ausstellung eines Gruppen-Projektes bei einem Tag der offenen Tür. Die Gruppenmitglieder präsentieren ihr „Werk", indem sie Erläuterungen und Erklärungen abgeben.
2. Die Namen von erfolgreichen Gruppen, die in Kollaboration etwas gestaltet, angefertigt/bewältigt haben, werden in der Schulzeitung veröffentlicht.
3. Erfolgreiche Teams berichten über ihr Projekt und die Art und Weise ihrer Zusammenarbeit bei einer Lehrerfortbildung.
4. Es wird ein „materieller" Anreiz in Aussicht gestellt (z. B. Besuch von Schwimmbad oder Eisstadion, gemeinsames Frühstück usw.).

❏ Praktische Beispiele

1. Wenn jeder seine Teilaufgabe zuverlässig ausgeführt hat und ihr euch gemeinsam auf die Form eurer Präsentation geeinigt habt, könnt ihr euch in die Leseecke zurückziehen.
2. Wenn jedes Gruppenmitglied den Aufsatzentwurf seines Teamkameraden kommentiert hat, könnt ihr im Gruppenraum gemeinsam Ideen und Wünsche aufschreiben für unseren Schullandheim-Aufenthalt.
3. Jedes Mitglied bekommt Bonus-Punkte, wenn jeder von euch mindestens fünf Kennzeichen eines Entwicklungslandes benennen kann.
4. Wenn in eurer Gruppe jedes Mitglied diese Zinsaufgaben sowohl mit dem Dreisatz als auch mit der entsprechenden Formel vorrechnen und erklären kann, könnt ihr vier von zehn Aufgaben für zu Hause streichen.

   Mögliche Belohnungen/Verstärker/Anreize
   - Mit einem Freund, einer Freundin zusammenarbeiten
   - Zeit für freie Beschäftigung am Computer
   - Zeit zur freien Beschäftigung im Klassenzimmer
   - Arbeit für die Schülerzeitung
   - Ein Klassenprojekt, einen Ausflug, eine sonstige Aktivität planen
   - Ein Unterrichtsthema selbst auswählen

- Aktivitäten für einen Spiele-Nachmittag aussuchen
- Etwas Interessantes mit in die Klasse bringen und darüber berichten
- Teile einer Aufgabe abwählen dürfen
- Die nächste Klassenlektüre, das nächste Klassenprojekt, auswählen können
- Rückmeldung der Anerkennung bekommen: Klebebilder, Punkte, Symbole (Sterne, Sticker, kleine Figuren)
- Rückenklopfen, Handschütteln, Applaudieren, anerkennende Handgesten
- Anerkennender Text im Mitteilungsheft
- Klassenwanderung, Ausflug, Fahrradtour …
- Gemeinsames Frühstück, Mittagessen, Picknick …
- Spiele-Stunde, Erzähl-Stunde …

5.4.3 Sequenz 3: Gemeinsame Materialien

❏ **Positive gegenseitige Abhängigkeit durch gemeinsame Materialien**

… ist dann gegeben, wenn nur ein einziges Set an Materialien oder Informationen ausgegeben wird und von den Gruppenmitgliedern geteilt werden muss. Die Absicht hierbei ist, die Gruppe „zusammen zu binden", sie durch das unerlässliche Teilen zu gemeinsamem Handeln zu bringen.

❏ **Methodische Möglichkeiten für die Umsetzung im Unterricht**

1. Limitierung der Materialien für eine Gruppe: Sie bekommen z. B. ein Textblatt, einen Stift und ein Antwortblatt.
2. Jedes Gruppenmitglied bekommt eine unterschiedliche Matheaufgabe und muss diese der Gruppe erklären. Es muss sichergestellt werden, dass am Ende jeder jede Aufgabe beherrscht.
3. Die Gruppe erfährt, dass jedes Mitglied einen bestimmten Ressourcenpool besitzt, der wichtig für die Lösung der Gesamtaufgabe ist. So bearbeitet beispielsweise bei der Auseinandersetzung mit einer fremden Kultur ein Gruppenmitglied die Wirtschaft des Landes, ein anderes die Sitten und Gebräuche, ein drittes das Bildungssystem usw. Die Gruppenaufgabe gilt dann als erfüllt, wenn alle Teammitglieder die gesamten Kenntnisse besitzen und dies vor der Klasse präsentieren können.

❏ **Praktische Beispiele**

1. Jede Gruppe bekommt ein Arbeitsblatt und einen Auswertungsbogen
2. Eurer Gruppe steht ein Computer zur Verfügung

5.4.4 Sequenz 4: Übernahme verschiedener Rollen

❏ **Positive gegenseitige Abhängigkeit durch Übernahme von bestimmten Rollen**

… ist dann gegeben, wenn jedes Gruppenmitglied eine komplementäre, für die Gruppenarbeit unverzichtbare Rolle übernimmt. Dadurch werden Verantwortlichkeiten an die verschiedenen Gruppenmitglieder verteilt, die die Gruppe braucht, um die übertragene Gesamtaufgabe zuverlässig ausführen zu können. Die Rollen werden hinreichend oft gewechselt, so dass über die Zeit hin jeder Schüler eine beträchtliche Erfahrung in der Übernahme verschiedener sozialer Rollen erwirbt.

Zwei Arten von Rollen lassen sich unterscheiden:

Fachliche Rollen / Arbeitsrollen	Soziale Rollen
– Leser	– Energiespender
– Schreiber	– Lautstärkenmanager
– Zusammenfasser	– Schrittmacher
– Zeitwächter	
– Ermunterer	
– Präsentator	

Hilfreiche Tipps:

1. Ob eher fachliche oder soziale Rollen gegeben werden sollten, richtet sich nach der Art der Aufgabe und dem kooperativen Entwicklungsstand der Schüler.

2. Jeder Schüler sollte eine möglichst große Anzahl verschiedener Rollen handelnd erproben und erfahren. Vor allem auch solche, die ihm aufgrund des eigenen Naturells oder Temperaments nicht so sehr liegen.

3. Das Lernen und das Sicheinfühlen in neue, ungewohnte Rollen gelingt leichter, wenn das entsprechende Rollenverhalten operationalisiert, d. h. für die Schüler konkret nachvollziehbar gestaltet wird. Dies kann über Beobachten und Lernen am geeigneten Modell geschehen oder über das Auflisten von einschlägigen Verhaltensindikatoren mit Hilfe eines T-Diagramms.

Mögliche Rollen mit dem entsprechenden Tätigkeitsbereich

Checker	prüft, ob jeder die Aufgabe verstanden hat, hakt Erledigtes ab, stellt noch zu Erarbeitendes heraus.
Zeitwächter	achtet darauf, dass die Gruppe bei der Arbeit bleibt, erinnert an die zur Verfügung stehende Zeit.
Aktiv Zuhörer	wiederholt und paraphrasiert das Gesagte, um Gedanken zu bündeln bzw. neue Perspektiven zu eröffnen.
Befrager	ermittelt Informationen und Meinungen von eigenen Gruppenmitglieder und anderen Gruppen.
Zusammenfasser	fasst zu gegebener Zeit Erarbeitetes oder Lösungen zusammen, um entweder Weiterarbeit zu erleichtern oder um eine Gruppenpräsentation vorzubereiten.
Ermunterer/Ermutiger	gibt den Gruppenmitgliedern Unterstützung und neuen Mut bzw. neue Motivation zum Weitermachen, indem er auf schon Geleistetes hinweist bzw. an Belohnungen erinnert.
Materialmanager	stellt für die Gruppe alle nötigen Arbeitsmaterialien zusammen.
Schrittmacher	achtet darauf, dass die Gruppe bei der Sache bleibt und in der zur Verfügung stehenden Zeit die geforderte Aufgabe erfüllt.

Die einzelnen Gruppenmitglieder übernehmen unterschiedliche Rollen beim Kooperativen Lernen

Anmerkungen zur Zuweisung von Rollen

- Die Zuweisung von Rollen im kooperativen Kontext ist ein wichtiges fundamentales Unterscheidungsmerkmal des Kooperativen Lernens im Gegensatz zum traditionellen Gruppenunterricht.

- Durch die Übernahme bestimmter Rollen innerhalb eines Teams wird die Gesamtaufgabe klar strukturiert. Jedes Gruppenmitglied weiß – sofern Klarheit in Hinblick auf das entsprechende Rollenverhalten besteht – was seine individuelle Aufgabe innerhalb des Gesamtkontextes ist. Das erleichtert erfolgreiches Handeln erheblich

- Spezifisches Rollenverhalten muss in etlichen Fällen gelernt und eingeübt werden. So ist z. B. das konkrete Handeln eines Schrittmachers sicherlich nicht auf Anhieb klar. In einigen Fällen kann es hier zu unsensiblem Drängeln kommen, was bei einigen Gruppenmitgliedern mit Sicherheit Frust und Unmut erzeugt.

- Mit der Vergabe von Rollen kann verhindert werden, dass nur die Wortgewandten, Durchsetzungsfähigen und Statushohen zu Wort kommen, Chef spielen und das Geschehen mehr oder weniger bestimmen.

- Jedes Gruppenmitglied sollte grundsätzlich eine große Bandbreite von Rollen beherrschen, indem es möglichst viele Rollen ausprobiert. Dies hat sehr viel mit Zugewinn von Selbst- und Handlungskompetenz zu tun, andererseits erleichtert es das Akzeptieren des Rollenagierens von anderen.

- Bei der Zuweisung von Rollen – insbesondere in der Einführungsphase des Kooperativen Lernens – sollte man sensibel und mit viel Umsicht handeln. Die Rolle des Lesers zu übernehmen, wenn dies gerade nicht zu den eigenen Stärken zählt, kann für einen Schüler zum Horror-Szenario werden, insbesondere dann, wenn die Gruppe noch nicht gelernt hat, sich zu vertrauen und die Gruppennorm „Wir machen uns gegenseitig nicht runter" noch nicht elaboriert ist. Es empfiehlt sich deshalb, anfangs auf die individuellen Stärken der Einzelnen bei der Rollenzuweisung zu achten, damit Erfahrungen und Sicherheit gewonnen werden können. Der erlebte, rückgemeldete Erfolg bei gemeisterten „leichten" Rollen ebnet den Weg für schwierigere.

5.4.5 Sequenz 5: Bearbeitung komplementärer Teile

❏ **Positive gegenseitige Abhängigkeit durch die Bearbeitung komplementärer Teile einer Gesamtaufgabe**

Hier wird – wie angedeutet – eine Gesamtaufgabe in eine Reihe von Untereinheiten gegliedert, die, jede für sich, unerlässlich für die Bewältigung des Ganzen sind. Jedes Gruppenmitglied muss verantwortlich und zuverlässig seine Teilaufgabe erfüllen, damit das Team insgesamt erfolgreich sein kann.

❏ **Methodische Wege für die Umsetzung im Unterricht**

1. Teams gliedern ihre Aufgabe/ihr Projekt gemeinsam in eine Abfolge systematischer Schritte oder Prozesse.

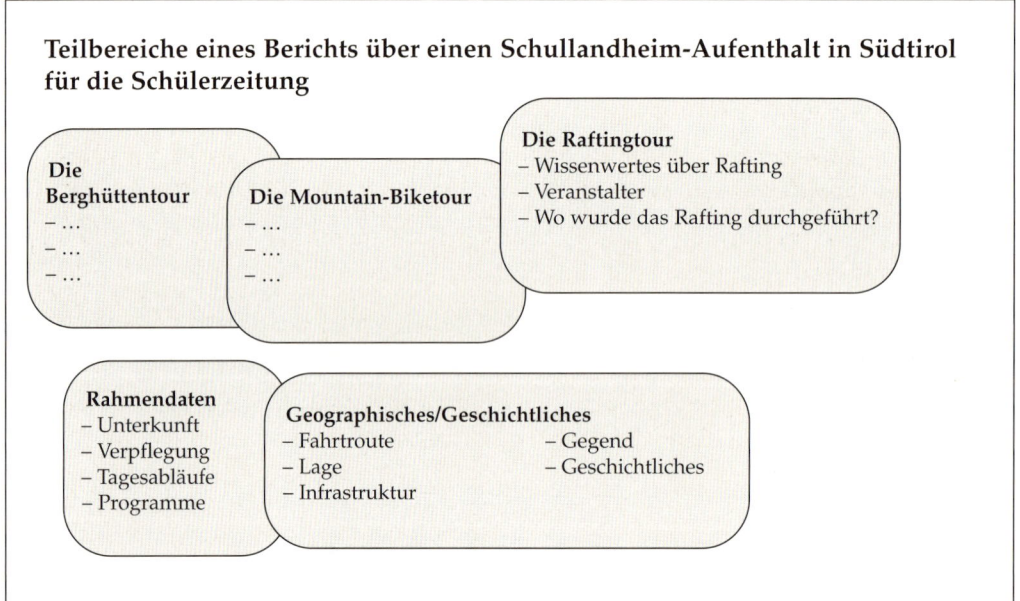

Bearbeitung verschiedener Teilbereiche

2. Die Gruppenmitglieder wechseln die Rollen bei der Bearbeitung von Aufgaben (vgl. Praktische Beispiele).

❏ **Praktische Beispiele**

1. In eurer Vierergruppe schreibt Nr. 1 die Gleichung auf. Nr. 2 schreibt den Lösungsansatz, Nr. 3 fasst zusammen und Nr. 4 löst x heraus. Bei der nächsten Aufgabe wechselt ihr die Rollen.

2. In einer Dreiergruppe untergliedern die Gruppenmitglieder ihr Thema selbstständig in drei Unterbereiche. Jedes Gruppenmitglied bearbeitet die eigene Teilaufgabe. Dann werden die Teilergebnisse zusammengetragen und anschaulich präsentiert.

5.4.6 Sequenz 6: Simulation

❏ Positive gegenseitige Abhängigkeit durch Simulation

… ist dann gegeben, wenn Gruppenmitglieder eine hypothetische (Grenz-)Situation bearbeiten, die sie nur als Gruppe erfolgreich bewältigen können oder in der sie nur durch gemeinsame Anstrengung überleben können. Als Beispiele können hier dienen: Überleben in der Wüste, im Eis, nach einer Naturkatastrophe. Andere, mildere Formen können sich darauf beziehen, ein Restaurant-Team zu simulieren, das ein Fest mit 120 Gästen erfolgreich managen muss.

❏ Weitere Beispiele

– Stellt euch vor, ihr seid ein Forscherteam, das daran arbeitet, ein Serum oder sonstiges Heilmittel gegen eine tödliche Epidemie zu erfinden. Welche drei Schritte würdet ihr in eurem Team als erstes unternehmen?

– Ihr seid eine Gruppe von Diplomaten, die den Weltfrieden ausbauen wollen. Entwickelt gemeinsam einen Plan.

– Ihr seid in einer kleinen Gruppe in Tokio unterwegs. Euer gesamtes Geld und die Pässe sind gestohlen worden. Wie kommt ihr wieder nach Hause zurück?

– Stellt euch vor, ihr Drei werdet als Schiffbrüchige auf eine verlassene, einsame Insel gespült. Entwickelt einen Plan, wie ihr überleben könnt.

– Stellt euch vor, ihr Vier könntet fliegen. Entwickelt gemeinsam Ideen und einen Plan, wie ihr das vermarkten würdet, um damit viel Geld zu verdienen.

– Euer Team geht auf eine Kanu-Tour für drei Wochen. Ihr könnt insgesamt nur 30 kg Gepäck mitnehmen. Einigt euch, was mit soll. Schreibt eine Liste.

5.4.7 Sequenz 7: „Kraft von außen"

❏ **Positive Abhängigkeit durch eine „Kraft von außen"**

… ist dann gegeben, wenn die Gruppenmitglieder gegen einen von außen gesetzten Standard wetteifern und diesen zu verbessern versuchen. Solche Standards können z. B. sein:

– Leistungen anderer Gruppen

– die eigene bisherige Gruppenleistung

– die Zeit

– bestimmte Testnoten vom letzten Jahr

– die durchschnittliche Mathematiknote im letzten Zeugnis

Anmerkungen:
– Welchen Standard es auch immer zu verbessern gilt, sei es die Zeit zur Anfertigung einer Aufgabe oder eine vorherige Prüfungsnote, Schüler müssen darin eine Herausforderung sehen.

– Gemeinsam gegen ein von außen gesetztes Level anzutreten, um sich zu verbessern, kann ein Team regelrecht zusammenschweißen. Um bestimmte negative Effekte auszuschließen, ist es jedoch ratsam, die Teams in einer Klasse nicht gegeneinander in Wettstreit treten zu lassen. Sinnvoller ist es, ein Team seine eigene Bestzeit übertreffen zu lassen oder eine Gruppe aufzufordern, zum Beispiel ihre durchschnittliche Fehlerzahl in der nächsten Nachschrift zu verringern.

❏ **Praktische Beispiele**

1. Für eure letzte Gruppenpräsentation habt ihr in der vorigen Woche eine 2–3 bekommen. Ihr habt heute gute Chancen, euch zu verbessern.

2. Wie viele Teams schaffen ihre Aufgaben, bevor der Sand im 10-Minuten-Glas durchgelaufen ist?

3. Schaut euch noch einmal eure persönliche Gruppenzeit an, die ihr gestern für die zehn Aufgaben gebraucht habt. Versucht heute, diese Zeit zu unterschreiten.

5.4.8 Sequenz 8: Sitzordnung/räumliche Umgebung

❏ Positive gegenseitige Abhängigkeit durch die Sitzordnung oder räumliche Umgebung

… ist dann gegeben, wenn eine adäquate Sitzordnung (die Gruppenmitglieder sind sich räumlich nah, jeder sieht jeden: eye-to-eye, knee-to-knee) die Kommunikation erleichtert und das Zusammengehörigkeitsgefühl unterstützt. Ähnlich wie eine Klettergruppe im Hochgebirge durch ein Seil miteinander verbunden ist, ist es beispielsweise die „home-group", die immer an einen bestimmten Tisch zurückkehrt, dort arbeitet, den Schulmorgen miteinander verbringt und sich durch diesen Gruppenplatz miteinander verbunden fühlt.

❏ Methodische Möglichkeiten für die Umsetzung im Unterricht

1. Jede Gruppe hat ihren persönlichen Arbeitsbereich, meist ihren Gruppentisch.
2. Stuhl- oder Sitzkissenkreise werden als Treffpunkte für adhoc-Gruppen gebildet.
3. Alle Gruppenmitglieder treffen sich innerhalb eines mit Kreppband auf dem Boden gekennzeichneten Bereichs.
4. Für eine Diskussionsrunde treffen sich die Gruppenmitglieder in einem Stuhlkreis, bei dem sich die vorderen Stuhlbeine aller Stühle im Kreis rechts und links berühren.

❏ Praktische Beispiele

1. Euer Team trifft sich in dem Kreis, der auf dem Boden markiert ist und bearbeitet dort die heutige Aufgabe.
2. Dieser Tisch ist eure „home base". Hier bleibt ihr heute während der gesamten Arbeitszeit zusammen.
3. Setzt euch so an euren Gruppentisch, dass jeder jeden ohne Probleme anschauen und mit ihm reden kann.
4. Rückt in eurer „home base" so nah zusammen, dass ihr relativ leise miteinander sprechen könnt, dass jeder das Material gut einsehen und jeder sich daher gut einbringen kann.

5.4.9 Sequenz 9: Gruppenidentität

❏ **Positive gegenseitige Abhängigkeit durch Schaffen von Gruppenidentität**

… ist dann gegeben, wenn es der Gruppe gelingt, ein Wir-Gefühl, also eine spezifische Gruppenidentität zu schaffen. Das Bewusstsein, zu einer (geschätzten) Gruppe zu gehören wird gestärkt und gefestigt durch einen Gruppennamen, ein Motto, ein Logo, ein Lied, einen Spruch oder Ähnliches.

Identitätsstiftende Maßnahmen können von der Lehrperson angeregt werden oder auch von den Schülern selbst erfolgen, indem sie sich z. B. ein persönliches Gruppensymbol aussuchen und entsprechend gestalten. Zu einer Gruppe zu gehören und sich dort aufgehoben, dazugehörig zu wissen, ist ein menschliches Grundbedürfnis. Das bewusste Schaffen einer Gruppenidentität kommt diesem Bedürfnis nach.

❏ **Praktische Beispiele**

1. Entscheidet euch in eurem Team für einen zu euch passenden Gruppennamen.

2. Erstellt für euer Team ein Gruppenbanner, das wir dann an eurem Tisch, eurer „home base" befestigen.

3. Erfindet für euer Team ein Gruppenlied oder Gedicht, das etwas über euch und was euch wichtig ist, aussagt.

4. Stellt für euer Team eine Gruppenflagge her, die herausstellt, was ihr gemeinsam habt.

5.5 Basiselement 5: Bewertung/Evaluation (Processing)

Die Bewertung, das „Unter-die-Lupe-Nehmen" dessen, was im kooperativen Gruppenunterricht geschieht, bzw. was letztendlich als Ergebnis dabei herauskommt, ist von allergrößter Wichtigkeit, dient sie doch als Leitfaden, als Orientierungshilfe für weiteres Verhalten und künftige Handlungen.

An einem Beispiel verdeutlicht heißt das: Nur, wenn konkretes Verhalten von einzelnen Gruppenmitgliedern oder bestimmte Handlungsweisen des Teams in Hinblick auf bestimmte Kriterien beobachtet, analysiert und bewertet wird, kann z. B. festgestellt werden, ob das Einbringen persönlicher Verantwortung schon gut klappt oder ob hier noch Verbesserungsbedarf besteht.

5.5.1 Zum Begriff Evaluation

Mit Bewerten oder Evaluieren ist im Kooperativen Lernen das Bemühen gemeint, die Qualität des kooperativen Interaktionsgeschehens (Prozesse und Ergebnisse!) zu verstehen, dies in möglichst mess- und beobachtbare Kriterien zu transformieren, in der Absicht einer positiven Weiterentwicklung oder Verbesserung.

Inhalte
Da beim Kooperativen Lernen – wie schon erwähnt – soziales Lernen als wichtiges eigenständiges Lernfeld angesehen wird, bezieht sich die Bewertung immer auf fachliche als auch auf soziale Ziele.
Zum anderen ergibt sich aus dem grundlegenden Prinzip des erheblichen Stellenwertes der Gruppenprozesse im Modell des Kooperativen Lernens die Notwendigkeit einer formativen wie summativen Bewertung

5.5.2 Wozu dient Evaluation?
Jede Bewertung setzt Ziele und daraus abgeleitete Kriterien, Indikatoren und Standards voraus. Nur auf diesem Hintergrund lässt sich sagen, ob ein Arbeitsprodukt, ein Prozess oder eine einzelne Sozialfertigkeit gut, angemessen oder wenig ausgearbeitet und verbesserungswürdig ist. Insofern ermöglicht eine Evaluation:

⇒ zum einen Klarheit und Sicherheit über einen aktuellen Ist-Stand, z. B. ob man ein gesetztes Ziel erreicht hat, wie weit man noch entfernt bzw. wie nah man möglicherweise schon ist, oder ob die eingesetzte Methode oder Maßnahme zweckmäßig ist.

⇒ Des Weiteren – und das ist entscheidend – kann eine Verbesserung nur auf der Basis eines sorgfältig analysierten Ist-Standes erfolgen. Hier bekommt die Evaluation deutlich eine Entscheidungs- und Optimierungsfunktion.

5.5.3 Wer sollte bewerten – Die Frage nach der Selbst- oder Fremdevaluation
Schule und Unterricht schließen von jeher die Bewertung und Beurteilung als grundlegendes Merkmal mit ein. Die Vergabe von Proben-, Test- und Zeugniszensuren, auch die Beschreibung des Verhaltens, der Lern- und Leistungsbereitschaft von Schülern in Wortgutachten sind gängiges schulisches Procedere.
Im Kooperativen Lernen nehmen jedoch auch neben den Lehrpersonen die Schüler eine aktive Rolle beim Bewerten ein. Bewusst wird auf die Selbstevaluation von Schülern bzw. die „Peer-Evaluation", die Bewertung der Schüler untereinander – aus noch zu erläuternden Gründen – großer Wert gelegt.

5.5.4 Die Rolle des Lehrers bei der Evaluation
Im kooperativen Kontext bezieht sich die Rolle bzw. die Funktion der Lehrperson u. a. auf:

⇒ Erarbeiten und Festsetzen von Evaluationszielen, -kriterien und -standards (soweit möglich, sollten hier jedoch auch Schüler beteiligt werden), sowie das Sicherstellen, dass die Schüler die Kriterien verstehen und erreichen können.

⇒ Sammeln von Informationen sowohl über Arbeitsprozesse als auch deren Ergebnisse durch sorgfältiges Beobachten. Mögliche Beobachtungstechniken und -maßnahmen sind beispielsweise.:

1. Strichlisten
2. Beobachtungsmatrix
3. Checklisten
4. Dokumentationsbögen
5. Sammlungen von Schülerarbeiten

⇒ Unterstützung und Motivierung der Schüler durch konstruktives Feedback

⇒ Die Ermunterung und konkrete Anleitung der Schüler zu einer aussagekräftigen und zuverlässigen Selbstevaluation (Schulung der Selbstbeobachtung durch die Schüler mit Hilfe adäquater Evaluationsverfahren).

5.5.5 Beispiel für eine Strichliste

Strichlisten sind ein hilfreiches Verfahren, um bestimmte Gruppeninteraktionen zu dokumentieren. Der dargestellte Beobachtungsbogen sollte folgendermaßen bearbeitet werden:

⇒ Die Namen der einzelnen Team-Mitglieder werden über die Spalten geschrieben.

⇒ Die beobachtungsrelevanten Sozialziele werden vor den Reihen notiert.

⇒ Wenn ein Schüler eine gefragte Sozialfertigkeit zeigt, wird dies in dem entsprechenden Feld unter seinem Namen mit einem Strich notiert.

⇒ Nach Beendigung der Gruppenarbeit setzen sich die Gruppenmitglieder mit dem Ergebnis des Beobachtungsbogens auseinander. Zur Erleichterung dieses Prozesses können die auf der nächsten Seite folgenden Leitfragen dienen.

— Material —

Beobachtungs-Bogen

Beobachter: _____

Datum: _____

Name:	Person 1	Person 2	Person 3	Person 4
Bringt Ideen und Vorschläge ein:				
Fragt andere nach ihren Ideen und Vorschlägen:				
Lobt Vorschläge von anderen:				

5.5.6 Anleitung zum Umgang mit der Strichliste

1. Zählt Spalten und Reihen zusammen.

2. Welche Rückschlüsse zieht ihr als Gruppe in Bezug auf:
    - Eure jeweilige Beteiligung während des Arbeitsprozesses?
    - Euer Funktionieren in der Gruppe insgesamt?

3. Gebt jedem Partner auf Grund dieser Ergebnisse ein individuelles konstruktives Feedback.

4. Setzt euch ein Gruppenziel, um euch zu verbessern. Denkt nach und entscheidet, was ihr das nächste Mal anders/besser machen könnt.

5.5.7 Beobachtungsbögen

Material

Gruppenbeobachtung

Beobachter: _____

Datum: _____

Beobachtete Gruppe: _____

Notieren Sie in den Feldern, was Gruppenmitglieder gesagt oder getan haben, um die entsprechenden Sozialziele zu erfüllen.

Sozialfertigkeit	Name	Name	Name	Name
ermutigt oder ermuntert andere				
geht auf Vorschläge anderer ein u. entwickelt diese weiter				
fragt aktiv nach				
andere …				

— Material —

Beobachtungs- und Dokumentationsbogen

Datum: _____

Kooperative Aufgabe: _____

Beobachten Sie die Gruppe bei der Arbeit.
Schreiben Sie auf, was Sie sehen und hören.
Notieren Sie Fragen, die Ihnen dazu einfallen: Sehen Sie z. B. nonverbale Signale, die Frustration, Langeweile oder Ärger andeuten?
Sind die Schüler engagiert bei der Sache?
Reflektieren Sie Ihre Beobachtungen.
Welches sind wohl die Ursachen für ihr Auftreten?
In welcher Weise können Sie diese Beobachtungen für künftige Stundenplanungen nutzen?

Kommentare:

_____
_____
_____
_____
_____
_____
_____
_____
_____
_____
_____
_____
_____
_____
_____
_____

5.5.8 Die Rolle der Schüler beim Bewerten
Ellis & Whalen stellen in ihrem Buch „Cooperative Learning – Getting Started" heraus:
> *„While you as teacher are an important source of information for your students about their behavior you're not the only source ... We're talking about getting your students to help monitor and evaluate their own performance in their groups. Not only does this ease your burden, but it also enables students to take responsibility for their own behavior."*
>
> *(Ellis & Whalen 1990, S. 49–50)*

Wenn Schülern die Gelegenheit gegeben wird, mit Hilfe spezieller Evaluationstechniken ihre eigene oder die Gruppenarbeit zu bewerten, so hat dies in der Regel positiven Einfluss auf ihre weiteren Leistungen.

Zunächst einmal werden sie angeleitet zum **gezielten Nachdenken über ihre eigene Arbeit** bzw. zu deren eingehender Analyse z. B. folgendermaßen:

⇒ Welches waren meine Ziele?

⇒ Wie intensiv habe ich mich angestrengt?

⇒ Bin ich bei der Sache geblieben, ließ ich mich ablenken? Wodurch? Wann?

⇒ Was hat mir die Arbeit erleichtert, was evtl. behindert?

⇒ Habe ich mir Hilfen geholt? Bei wem? Mit welchem Erfolg?

⇒ Woran sollte ich noch intensiver arbeiten?

⇒ Was kann ich beim nächsten Mal besser machen?

Die Auseinandersetzung der einzelnen Schüler mit solchen Fragen wird noch fruchtbarer und zuverlässiger durch die Spiegelung mit Lehrerbeobachtungen oder Mitschüler-Rückmeldungen. Dieser Abgleich verschiedener Perspektiven ist deshalb von Vorteil, weil er das Irrtums- oder Fehlerrisiko vermindert, beispielsweise die Selbstüberschätzung eines Schülers. Durch die systematische Reflexion des eigenen Verhaltens, der eigenen Handlungen im Unterricht, wächst die persönliche Beteiligung („ownership") an den eigenen schulischen Lernprozessen, was letztendlich zu erhöhter Eigenverantwortlichkeit, Selbstvertrauen und Selbstkompetenz führt.

Die folgende Grafik verdeutlicht, welchen Einfluss die Selbstbewertung auf das eigene Lernen haben kann.

```
         ┌──► Ziele ◄──────────────────► Anstrengung/ ◄──┐
         │        ╲                        Aufwand       │
         │         ╲                       ╱             │
         │          ▼                     ▼              │
         │          Schlussfolgerung/                    │
         │          Reaktion                             │
         │                │                              │
         │                ▼                              │
   Wirksame Evaluations-                                 │
   verfahren zur Ermittlung ──►  Selbstevaluation        │
   des Ist-Standes                                       │
                                  │                      │
                                  ▼                      │
                          Schlussfolgerung/  ◄──  Konkrete Anleitung
                          Reaktion                zur Verbesserung
                                  │
                                  ▼
         └──────────────── Selbstvertrauen ──────────────┘
```

Einfluss der Selbstbewertung

Untersuchungen haben gezeigt, dass eine entsprechende Selbstbewertung eine Schlüsselrolle bei der Unterstützung eines positiven Lernzyklus spielt.
Jede Leistung ist hauptsächlich bedingt durch die gesetzten Ziele und das eingesetzte Maß an Anstrengung oder Arbeitsaufwand.
Aus der Selbstbeurteilung dieser Leistung – und ihres Zustandekommens durch Setzen bestimmter Ziele und entsprechender Anstrengung – ziehen Schüler Schlussfolgerungen über sich selbst und ihr weiteres Handeln.
Aus der Rechenschaftslegung der eigenen Leistungen ergibt sich das Ausmaß an Selbstvertrauen und Zuversichtlichkeit in die eigene Leistung.
Können Schüler ihre eigenen Leistungen auf Grund erlebten Erfolgs häufig positiv bewerten, so führt dies in aller Regel dazu, dass sie sich höhere Ziele setzen und zu verstärkter Anstrengung bereit sind, was aller Wahrscheinlichkeit nach ihre künftige Leistung beflügelt. Insgesamt wird sich auf diese Weise ein positiver Lernzyklus ergeben.
Schüler dagegen, die auf Grund häufig erlebten Misserfolgs ihre Leistungen eher negativ bewerten, werden sich oft als Versager empfinden, sich wahrscheinlich selten höhere Ziele setzen und mehr Einsatz einbringen. In der Überzeugung „Ich schaffe es ja doch nicht", führt dies in aller Regel zu einem problematischen, häufig schwer zu durchbrechenden negativen Lernzyklus.
Um einer solchen Negativentwicklung vorzubeugen, wird beim Kooperativen Lernen aktive Hilfestellung bei der Auseinandersetzung mit dem eigenen Lernen gegeben: Zunächst durch gezielte Handreichungen zur stetigen Analyse des eigenen Handelns, um die eigenen Stärken und Schwächen verlässlich wahrzunehmen und benennen zu können. Schließlich – und dies ist außerordentlich wichtig – erfolgen konkrete Anleitungen zur Verbesserung, zur Aufarbeitung festgestellter Schwächen.

5.5.9 Auswahl von Bewertungsbögen

Die folgenden Bewertungsbögen stellen eine Auswahl von Individual-, Gruppen- oder Lehrerevaluation dar. Wie schon erwähnt, erhöht die Einbindung verschiedener Personen (Lehrpersonen, Teammitglieder) in das Bewertungsprocedere die Verlässlichkeit der Wahrnehmung.

Material

Check-up

A. Mache ein Häkchen in das Kästchen, das für Dich zutrifft:

○ Ich habe Dinge gesagt, die meinen Partnern gut getan haben.

○ Ich habe versucht zu lächeln, auch wenn ich nicht mit dem einverstanden war, was mein Partner sagte.

○ Ich war ein gutes Teammitglied, weil die anderen sich durch mich wohlfühlten.

○ Es war für mich schön, wenn die anderen sich wohlfühlten.

○ Ich habe mich bemüht, Kritik in sozial verträglicher Weise zu äußern.

○ Ich habe darauf geachtet, dass ich bei der Gruppenarbeit nicht zu laut war.

○ Ich habe den anderen freundlich gesagt, dass sie leise sein sollen.

○ Ich habe beim Aufräumen geholfen.

○ Ich habe meine Partner höflich daran erinnert, bei der Sache zu bleiben.

B. Beantworte bitte die folgenden Fragen:

1. Was hast Du in etwa gesagt, als Du Kritik in sozial verträglicher Weise geäußert hast?
   _____
   _____

2. Woran sollte Deine Gruppe arbeiten, um beim nächsten Mal noch besser zu sein?
   _____
   _____
   _____
   _____

Persönliche Bewertung

Das soziale Ziel für diese Stunde war:

_____

Denke über die Antwort auf jede Frage nach.
Schreibe deine Antwort in die vorgesehenen Linien.

1. Hiermit zeigte ich, dass ich die sozialen Ziele erfüllt habe (etwas, was ich sagte oder tat):

_____

_____

2. Etwas, womit ich der Gruppe geholfen habe, erfolgreich zu arbeiten, war:

_____

_____

3. Ich denke, ich sollte Folgendes bei mir verbessern:

_____

_____

Unterschrift:_____

Datum: _____

Wie gut haben wir zusammengearbeitet?
Wie können wir uns verbessern?

Team-Name_____

Diskutiert, einigt Euch und kreuzt das zutreffende Kästchen an.

	A	B	C	D	E
immer					
meistens					
manchmal					
selten					
sehr selten					

- A: leise gewesen
- B: Ideen eingebracht
- C: geprüft, ob jeder verstanden hat
- D: den Partner beim Sprechen u. Zuhören angeschaut
- E: Uns gegenseitig ermuntert

Material

Vergleich der Schüler- und der Lehrer-Bewertung

Name: _____   Datum: _____

Ziel des Tages:
„konstruktives Feedback geben"
(z. B. gute Ideen loben, Kritik sozial verträglich äußern)

	Meine Bewertung	Lehrerbewertung
Ich habe das Tagesziel erfüllt:	_____ sehr gut _____ gut _____ nicht so gut _____ fast gar nicht	_____ sehr gut _____ gut _____ nicht so gut _____ fast gar nicht
Ich habe gute Ideen gelobt:	_____ mehr als 1x _____ 1x _____ gar nicht	_____ mehr als 1x _____ 1x _____ gar nicht
Ich habe Kritik in sozial verträglicher Weise geäußert:	_____ mehr als 1x _____ 1x _____ gar nicht	_____ mehr als 1x _____ 1x _____ gar nicht

Mein Ziel für das nächste Mal ist:

_____

_____

_____

_____

_____   _____
Unterschrift   Unterschrift

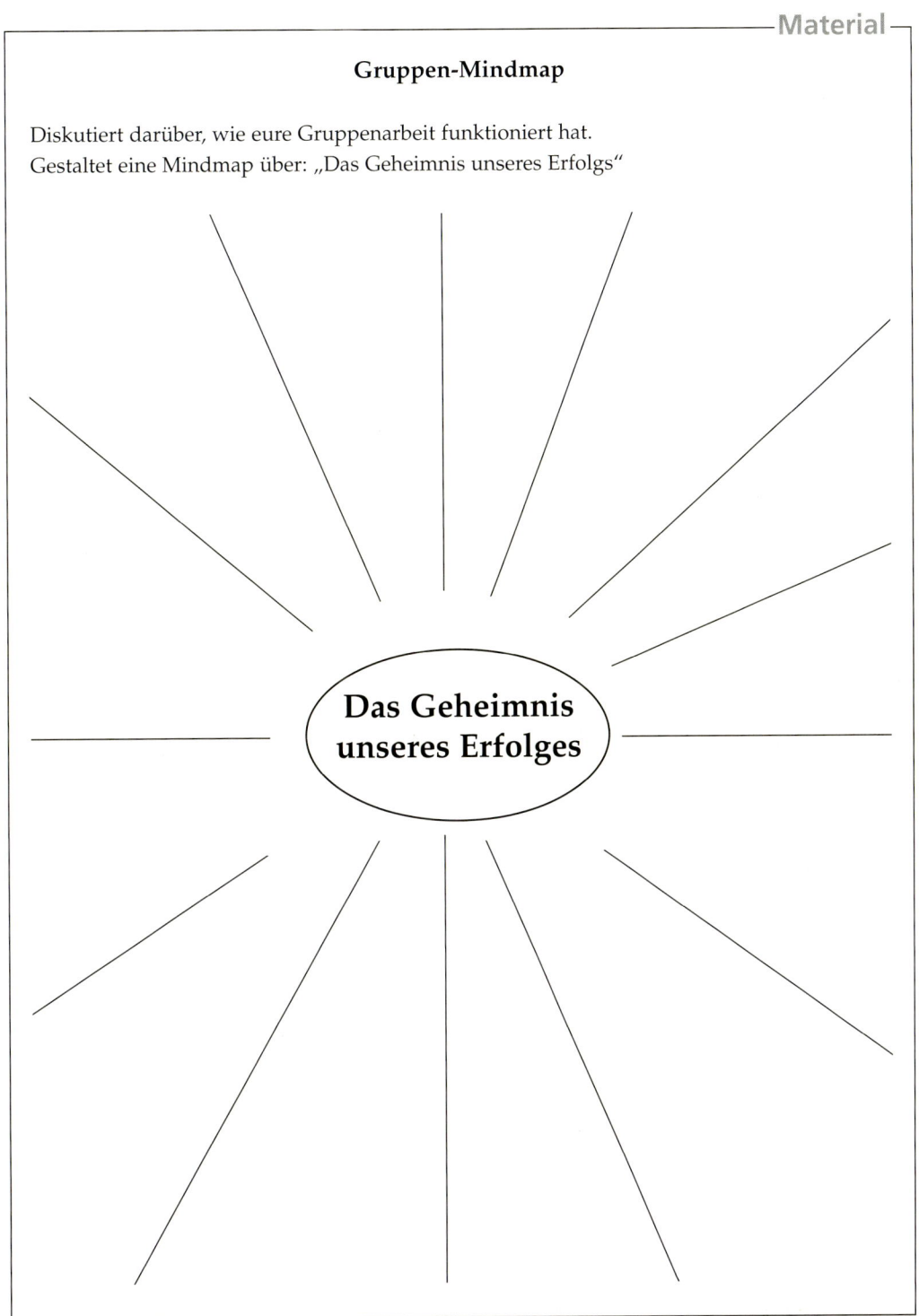

Gruppen-Mindmap

Und so könnte die fertige Mindmap aussehen:

Diskutiert darüber, wie eure Gruppenarbeit funktioniert hat.
Gestaltet eine Mindmap über: „Das Geheimnis unseres Erfolgs"

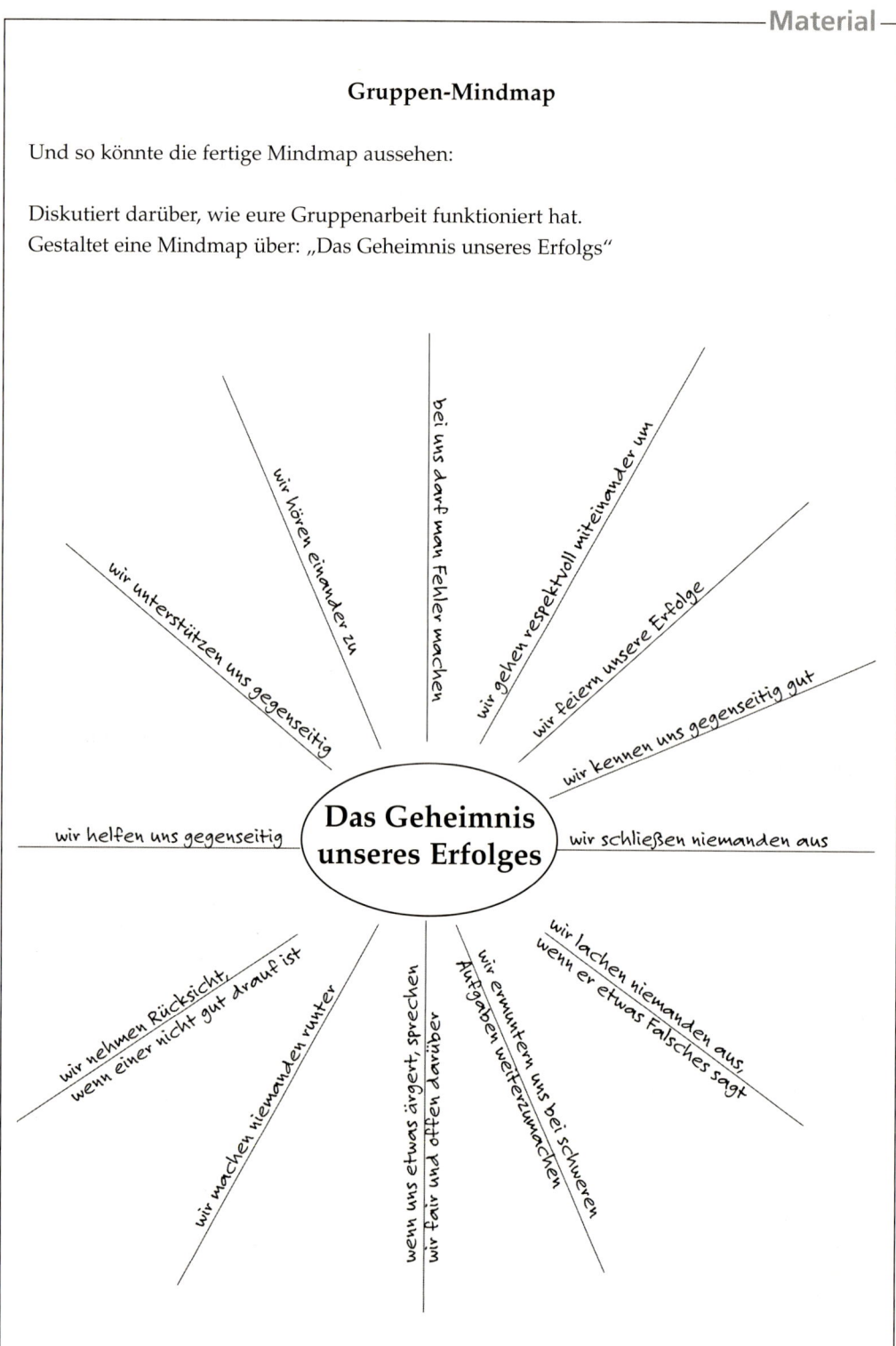

— Material —

Wie waren wir?

Name: _____   Datum: _____

1. Unsere Anstrengungen/ unser Einsatz bei der heutigen Gruppenaufgabe	Meine Einschätzung	Einschätzung der anderen Gruppenmitglieder
	_____	_____
	_____	_____
	_____	_____
	_____	_____
	_____	_____
2. Wir müssen an diesen Dingen arbeiten. Hierin müssen wir uns verbessern.	Meine Einschätzung	Einschätzung der anderen
	_____	_____
	_____	_____
	_____	_____
	_____	_____
	_____	_____
Unterschriften:	_____	_____
	_____	_____

6 Prozessbetrachtung und -verbesserung beim Kooperativen Lernen mit dem „Lerntagebuch"

Das Kooperative Lernen unterscheidet sich vom traditionellen Gruppenunterricht durch die Bereitstellung vielfältiger pragmatischer, sehr klar strukturierter Maßnahmen und Methoden, die den Schüler/innen helfen, erfolgreich in einem Team zu arbeiten. Gerade in der Implementierungsphase des Kooperativen Lernens, wenn den Schüler/innen die Erfordernisse und Chancen enger Zusammenarbeit – sei es in fachlicher oder in sozial-kommunikativer Art und Weise – noch nicht so geläufig sind, sollte eine intensive Prozessbetrachtung stattfinden mit dem Ziel der Dokumentation von Entwicklungen und daraus abgeleiteter stetiger Verbesserung.

Wir haben aus diesem Grund für unsere kooperativ arbeitenden Gruppen ein sog. kooperatives „Lerntagebuch" eingeführt.

Qualitativ hochwertige Gruppenarbeit, bei der jeder sich zuverlässig einbringt und die Mitglieder sich in positiver gegenseitiger Abhängigkeit miteinander verbunden fühlen (we sink or swim together), ergibt sich nur in einer Atmosphäre des gegenseitigen Anerkennens und Vertrauens. Für den Ausbau dieser Beziehungsqualitäten braucht es hinreichend Zeit und sorgfältig geplante Austausch- und Begegnungsformen. Wir organisieren das Klassengeschehen deshalb meist so, dass wir sog. Basis- oder Tischgruppen etwa 7–8 Wochen „zusammenbinden" (In Bayern sind dies gerade die Zeiten zwischen den jeweiligen Ferien). In diesen Wochen können sich die Schüler/innen in den jeweiligen Tischgruppen in vielfältigen Begegnungsformen intensiv kennen lernen und – wie es das Kooperative Lernen vorsieht – von der losen Gruppe zu einem gut funktionierenden Team entwickeln. Um negativen Abgrenzungserscheinungen und schädlicher Cliquenbildung innerhalb der Klasse entgegenzuwirken, finden stetig Aktivitäten statt, die für einen kürzeren Zeitraum die Schüler/innen zusammenfassen (ad-hoc-Gruppierungen nach dem Zufallsprinzip). Auf diesem Hintergrund finden nach jeder kooperativen Lerneinheit mit Hilfe der im Folgenden aufgeführten Bögen des „Lerntagebuches" intensive Reflexionsprozesse der Gruppenmitglieder und der Lehrkraft statt und zwar auf folgenden Ebenen:

- Jedes Gruppenmitglied denkt individuell über die eigene Arbeit nach.

- Die Gruppenmitglieder geben sich gegenseitig Rückmeldung.

- Die Gruppenmitglieder analysieren und bewerten gemeinsam ihre Arbeits- und die sozialen Prozesse.

- Die Lehrkraft spiegelt ihre Beobachtungen und gibt den einzelnen Gruppen ein Feedback.

(Anmerkung: Den Selbstbewertungsbogen und den Rückmeldebogen von Teammitglied zu Teammitglied gibt es für jedes Gruppenmitglied einzeln.)

―― Material ―

Kooperative Lerneinheit zum Thema:
_____

durchgeführt am: _____ in der _____ Stunde

Teammitglieder: 1. _____
                 2. _____
                 3. _____
                 4. _____

Lehrperson/en: 1. _____
                2. _____

A. Teambildende Übung:

1. Beschreibung:
_____
_____
_____
_____

2. gut gelaufen? ☐   ☐   3. gefallen? ☐   ☐
                   ja   nein   ja   nein

4. Anmerkungen:
_____
_____
_____
_____

———— Material ————

B. Allgemeines zum Thema:

1. Diese Informationen erhielten wir von der Lehrkraft:

_____
_____
_____
_____
_____
_____
_____
_____
_____

C. Folgende Gruppenaufgaben wurden vergeben:

Gruppe	Aufgabe
Gruppe 1	
Gruppe 2	
Gruppe 3	
Gruppe 4	

D. Unsere Gruppenaufgabe hieß:

— Material

E. Diese Rollen und Arbeitsaufträge hatten wir:

Person	Rolle/n	Arbeitsauftrag/-aufträge
1 _____ Name		
2 _____ Name		
3 _____ Name		
4 _____ Name		

DIE KONZEPTIONELLEN BESTIMMUNGSSTÜCKE DES KOOPERATIVEN LERNENS

Material

Selbstbewertung Person 1

	ja	ungefähr	nein
Ich wusste genau, was ich bei meinem Arbeitsauftrag tun musste.	❏	❏	❏
Als ich Fragen hatte, habe ich mich an _____ gewendet. Er/Sie hat mir geholfen.	❏	❏	❏
Meine Rolle und mein Arbeitsauftrag haben mir Spaß gemacht.	❏	❏	❏

Bei „nein": Ich hätte lieber Folgendes gearbeitet:
_____
_____

Das ist mir bei meinem Arbeitsauftrag/meiner Rolle leichtgefallen:

Arbeitsauftrag	Rolle
_____	_____
_____	_____
_____	_____

Das war schwierig für mich:

Arbeitsauftrag	Rolle
_____	_____
_____	_____
_____	_____

Wenn ich den Arbeitsauftrag noch mal bekäme, würde ich Folgendes anders machen:
_____
_____
_____

_____
Unterschrift

— Material —

Unsere Präsentation
(Wir überlegen gemeinsam)

So haben wir uns auf die Präsentation vorbereitet:
_____
_____
_____
_____

Haben alle von uns präsentiert? Waren alle gleichberechtigt?
_____
_____
_____

	super		ungefähr		gar nicht

Haben wir mit unserer Präsentation klar den Zuhörern das Wesentliche unserer Aufgabe vermitteln können?

Kreuzt bitte an!

Haben die Klassenkameraden uns mit Interesse zugehört?
Wenn „nein", Gründe aus unserer Sicht:
_____
_____

Haben wir alle laut und deutlich gesprochen und die Zuhörer angeschaut?

Haben wir Fragen zugelassen und beantworten können?

Hat uns selber die Präsentation Spaß gemacht?

Das würden wir das nächste Mal anders machen:
_____
_____
_____

Unterschriften:

1. _____ 2. _____
3. _____ 4. _____

Rückmeldung von Teampartner/in zu Teampartner/in

Von: _____ für: _____
         Name   Name

<u>Folgendes</u> fand ich bei der heutigen Gruppenarbeit gut, toll, hilfreich, unterstützend von dir:

_____
_____
_____
_____
_____
_____

Dies fand ich **heute** nicht so gut von dir/hat mich gestört/geärgert:

_____
_____
_____
_____
_____
_____

Dies solltest du **nächstes Mal** aus meiner Sicht anders machen:

_____
_____
_____
_____

_____
Datum/Unterschrift

Rückmeldung der Lehrkraft für die einzelnen Teams

Liebes Team _____
                 Name

<u>Dies</u> ist mir heute besonders positiv bei eurer Arbeit aufgefallen
_____
_____
_____
_____
_____

Dies fand ich nicht so gut:
_____
_____
_____
_____
_____

Hierüber solltet ihr euch Gedanken machen und nach **neuen/besseren Handlungsweisen** suchen:
_____
_____
_____
_____
_____

_____
Datum/ Unterschrift

7 Missverständnisse in Bezug auf Kooperatives Lernen

Nach der ausführlichen Erläuterung der inhaltlichen Bestimmungstücke des Kooperativen Lernens (fünf Basiselemente) sollen im Folgenden einige falsche Annahmen in Bezug auf das Kleingruppen-Modell richtig gestellt werden (nach Bill Willoughy, consultant for the Values in Education, Scarborough Board).

Das Unterrichtsmodell Kooperatives Lernen, das bei Lehrern und Erziehern immer populärer wird, ist ein Kleingruppenunterricht, bei dem Schüler in Teams zusammenarbeiten, um gemeinsam eine Aufgabe zu erfüllen, wobei sie bestimmte, für die Gruppensituation unerlässliche Sozialziele erfüllen. Von zentraler Bedeutung für das Kooperative Lernen ist die Annahme, dass Lernen in wesentlichen Teilen ein sozialer Prozess ist, nicht nur ein rein kognitiver Vorgang. An dieser Stelle sollen einige Missverständnisse darüber, was Kooperatives Lernen ist – vor allem aber auch, was es nicht ist – ausgeräumt werden.

Missverständnis 1: Kooperativer Gruppenunterricht sollte immer und in allen Schulstunden angewendet werden

Wie bei allen Unterrichts- oder Sozialformen ist die angemessene Balance, der richtige Mix gefragt. Wie ein guter Handwerker sein Werkzeug dem Material entsprechend auswählt, sollten Lehrer dazu in der Lage sein, aus einer Vielfalt von Unterrichtsstrategien die gerade angemessene und adäquate für einen interessanten und lehrreichen Unterricht herauszusuchen.

Missverständnis 2: Jede Gruppenarbeit ist Kooperatives Lernen

Kooperatives Lernen bedeutet immer Gruppenarbeit aber beileibe nicht jede Gruppenarbeit ist automatisch Kooperatives Lernen. Das Ausmaß, in dem die essentiellen Basiselemente wie positive gegenseitige Abhängigkeit, persönliche Verantwortlichkeit und eine Face-to-Face Interaktion ausgebildet sind, ist ein Gradmesser dafür, in wieweit sich der Gruppenunterricht dem Kooperativen Lernen schon angenähert hat.

Missverständnis 3: Sozialziele müssen nicht eigens in einer kooperative Unterrichtseinheit thematisiert und integriert werden

Das Fokussieren von Sozialzielen beim Kooperativen Lernen wird mitunter aus verschiedenen Gründen vernachlässigt:
1. Die Wichtigkeit des sozialen Lernens für das Kooperative Lernen wird nicht erkannt.
2. Soziales Lernen wird manchmal nicht als Aufgabe der Schule gesehen.
3. Es wird angenommen, dass Schüler gruppenrelevante Sozialkompetenzen automatisch mitbringen oder sie durch das Gruppensetting erwerben.
4. Viele Lehrer glauben, wegen der curricularen Stoffmenge keine Zeit für die Vermittlung von sozialem Lernen zu haben.
5. Oftmals besteht einfach auch Unsicherheit und Unkenntnis in der Unterweisung sozialen Lernens.

Viele Probleme, die während der Gruppenarbeit auftauchen, könnten reduziert oder sogar verhindert werden, wenn einschlägige Sozialziele vermittelt würden wie beispielsweise „andere ermutigen", „Kritik in sozialverträglicher Weise äußern" oder „aktiv zuhören".

Missverständnis 4: Kooperatives Lernen ist das Allheilmittel für alle Probleme in der Klasse

Kooperativer Gruppenunterricht wird manchmal als eine Art Wundermittel gegen sämtliche Disziplin-, Leistungs-, Motivations- und Konzentrationsprobleme gesehen. In der Tat stellt das Kooperative Lernen eine äußerst wirkungsvolle Lehr- und Lernmethode für alle Schulstufen und -formen dar. Dies jedoch nur dann, wenn folgende Punkte beachtet werden:
- Ein erfolgreicher, wirkungsvoller Gebrauch kooperativer Lernformen setzt bei der Lehrperson profunde Kenntnisse, Fähigkeiten und Kompetenzen voraus: Schüler für die Zusammenarbeit befähigen/begeistern, „bescheiden" anfangen und sorgsam und umsichtig weiterentwickeln, beharrlich „dranbleiben" wenn es schwierig wird.
- Manchmal schwindet anfänglicher Erfolg, Lehrpersonen sind enttäuscht und geben allzu früh auf. Möglicherweise waren überzogene Erwartungen im Spiel und es wurde einfach zu hoch angesetzt. Wenn solcherlei Probleme auftauchen, ist es angezeigt, einen Schnitt zu machen, um die Situation in aller Ruhe sorgfältig zu analysieren und neue, hilfreiche Möglichkeiten und Wege zu entwickeln.

Das Leben bietet im übrigen selten Garantien. Ebenso ist es mit dem Kooperativen Lernen!

Missverständnis 5: Kooperatives Lernen ist chaotisch und unstrukturiert

Genau das Gegenteil ist der Fall. Das Kooperative Lernen ist sogar sehr stark und ausgeprägt strukturiert, insbesondere in der Einführungsphase. Eine ganze Fülle von unerlässlichen Überlegungen müssen vor dem Einstieg in eine kooperative Lerneinheit angestrengt werden, wie z. B.: Gruppengröße, Aktivitäten zur Gruppenbildung, Auswahl der Sozialziele, Art und Weise des Ankurbelns positiver gegenseitiger Abhängigkeit, Möglichkeiten des Anbahnens persönlicher Verantwortlichkeit, Bewertungs- und Evaluationsmethoden der Interaktionsprozesse und der Arbeitsprodukte.

Missverständnis 6: Kooperatives Lernen ist doch mehr Spielerei als ernsthaftes Lernen

Solche und ähnliche Annahmen kommen häufig durch unzureichendes Halbwissen zustande. Kooperatives Lernen stellt die ideale Lernform dar, wenn komplexe Sachverhalte bearbeitet werden müssen und problemlösendes, divergentes, kreatives Denken gefragt ist.

Missverständnis 7: Kooperatives Lernen ist nichts Neues, das habe ich vor 25 Jahren schon angewendet

Diese Aussage ist sehr unwahrscheinlich. Es ist sicherlich so, dass gute Lehrer viele Dinge mit viel Gespür und Intuition tun und vielleicht bei der Durchführung von Gruppenunterricht schon Ansätze des Kooperativen Lernens zum Tragen kamen. Die entscheidenden konzeptuellen Elemente wie Thematisieren von Sozialzielen, Anbahnen persönlicher Verantwortlichkeit und Ankurbeln positiver gegenseitiger Abhängigkeit, kurz gesagt: das bewusste zusätzliche Lehren und Strukturieren von Gruppenfähigkeit, sind jedoch neueren Datums und setzen das Kooperative Lernen deshalb deutlich vom traditionellen Gruppenunterricht ab.

Missverständnis 8: Kooperatives Lernen ist ungeeignet für gute, hochbegabte Schüler und schränkt sie in ihrer Leistungsfähigkeit ein

Erhebungen zufolge ist es sicherlich richtig, dass die unsicheren, schwächeren Schüler sehr stark vom Kooperative Lernen profitieren. Es zeigt sich jedoch ebenso, dass hochbegabte Schüler im kooperativen Unterricht keine Beeinträchtigung oder Minderung ihrer Leistungsmöglichkeiten erfahren. Gute und hochbegabte Schüler scheinen besonders vom Kooperativen Lernen zu profitieren in Bezug auf das Entwickeln förderlicher sozialer Kompetenz (Toleranz, Akzeptanz und Respekt in Bezug auf schwächere Schüler und ihren oft anders gelagerten Fähigkeiten und Stärken). Umsichtige Lehrpersonen werden immer bewusst ausgewogene Lehr- und Lernsituationen schaffen (s. Missverständnis 1!), in denen gute und hochbegabte Schüler allein oder in homogenen Gruppen arbeiten können.

Missverständnis 9: Es sollte immer eine Gruppen- oder Teamnote gegeben werden

Einer der am stärksten kontrovers diskutierte Bereich beim Kooperativen Lernen bezieht sich auf die Vergabe von Gruppen- oder Teamnoten. Hier herrscht noch viel Unsicherheit und es gibt erheblich voneinander abweichende Meinungen bei den Praktikern des Kooperativen Lernens.

Gruppennoten sollten auf alle Fälle erst dann gegeben werden, wenn Teams in vielen Situationen ausreichend Gelegenheit hatten, sich kennen zu lernen, ihre gemeinsamen Arbeitsweisen auszutesten (inklusive der Konflikte, die hier auftreten können), zu reflektieren und zu optimieren.

Dabei ist es sinnvoll und wichtig, die Schüler in den Prozess des Findens und Festsetzens von Bewertungskriterien ihrer Arbeit einzubeziehen.

Missverständnis 10: Kooperatives Lernen ist nur eine beliebige Unterrichtsmethode neben vielen anderen

Wissenschaftliche Erhebungen haben deutlich die Vorteile und günstigen Effekte des kooperativen Arbeitens für Schülerinnen und Schüler herausgestellt. Von daher wäre es geradezu fatal, das Kooperative Lernen als beliebige Lernstrategie zu betrachten.

Angesichts der Herausforderungen des 21. Jahrhunderts sind die traditionellen passiven, lehrerorientierten Lernmethoden mit Sicherheit nicht mehr ausreichend. Der Schule kommt die Aufgabe zu, Schüler auf lebenslanges Lernen vorzubereiten, sie zu kritischem Denken und kreativem Problemlösen zu führen.

Hierzu ist selbstständiges und eigenverantwortliches Lernen nötig. Das Kooperative Lernen leitet ein solches Lernen geplant, gezielt und systematisch an, insgesamt trägt es durch die Vermittlung spezifischer fachlicher und sozialer Fertigkeiten dazu bei, dass Schüler schließlich in Arbeitswelt und Privatleben erfolgreich sein können.

IV Kooperatives Lernen in der Praxis – praktische Anwendung des Unterrichtsmodells

Praktische Anwendung des Unterrichtsmodells

Nachdem die konzeptionellen Bestimmungsstücke des Modells Kooperatives Lernen in Form der fünf Basiselemente erläutert wurden, soll es nun um die unterrichtspraktische Verwirklichung des kooperativen Arbeitens gehen. Folgende Fragen gilt es zunächst abzuklären:

1. **Wann** ist kooperativer **Gruppenunterricht** überhaupt angezeigt und sinnvoll?

2. **Welche schulischen Bedingungen** (äußerer und innerer Rahmen) erleichtern die Implementierung des Kooperativen Lernens?

3. **Wie** können **erste Schritte** bei der Implementierung Kooperativen Lernens aussehen?

4. **Wie** und in **welchem Zeitrahmen** können die Sozialziele vermittelt werden?

5. **Wie** lässt sich die Forderung in der Definition zum Kooperativen Lernen „Die Gruppe zum echten Team entwickeln" **konkret verwirklichen**?

6. **Was** sind **teambildende Maßnahmen** und wie lassen sie sich durchführen?

7. **Welche** besondere **Rolle** nimmt die **Lehrperson** beim Kooperativen Lernen ein?

8. **Wie groß** sollten die **Gruppen** sein und nach welchen Kriterien sollte sinnvollerweise gruppiert werden?

9. **Was sind gruppenbildende Aktivitäten**?

1 Wann ist kooperativer Gruppenunterricht sinnvoll?

Zu Anfang soll gleich der Irrtum ausgeräumt werden, guter Unterricht sei nur kooperativer Gruppenunterricht und man müsse jeden Morgen sechs Stunden lang Gruppenunterricht durchführen.
Lernen und Lernaufgaben können in unterschiedlicher Weise organisiert sein, was jeweils bestimmte Implikationen auf die Interaktionsmuster der Schüler miteinander, mit der Lehrperson und dem Lerngegenstand hat.
In diesem Zusammenhang kann schulisches Lernen als Wettbewerbs-, als individueller oder als kooperativer Kontext strukturiert sein.

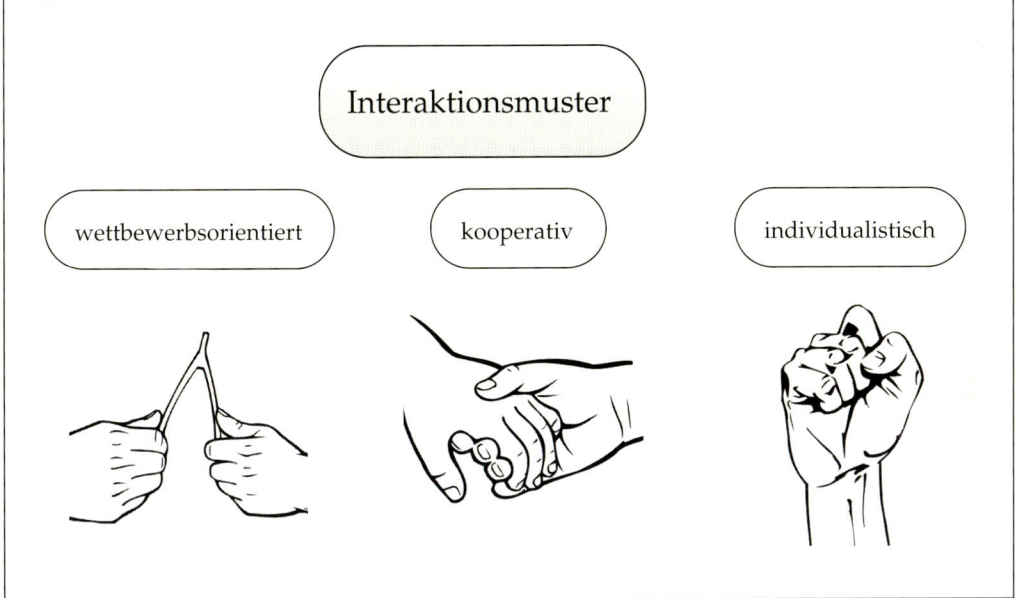

Interaktionsmöglichkeiten schulischen Lernens

Charakteristisch für die verschiedenen Interaktionsmuster sind je spezifische Elemente und Merkmale. Die folgende Auflistung gibt einen Überblick. Sie kann auch im Kooperativen Lernen als Schülermaterial eingesetzt werden.

Lernen in der Wettbewerbssituation
Weg, erst ich!

Wenn ich mein Ziel erreiche, kannst du deins nicht erreichen und umgekehrt.
Mein Erfolg beruht darauf, dass ich besser bin als du.
Ich möchte nicht, dass ein anderer so gut ist wie ich.
Mein Eigeninteresse ist wesentlich größer als das an der Gruppe.
Einzelne Schüler werden miteinander verglichen.
Lernen geschieht als individuelle Einzelarbeit.

Lernen als individuelle Einzelarbeit
Ich allein!

Wie ich meine Ziele erreiche, ist unabhängig davon, wie andere die ihren erreichen.
Mein Erfolg ist unabhängig vom Erfolg oder Misserfolg anderer.
Ich bin nur für mich selbst verantwortlich.

Lernen im Gruppenzusammenhang
Gemeinsam sind wir stark.

Ich erreiche mein Ziel nur, wenn du auch deins erreichst.
Der Gruppenerfolg hängt vom Erfolg jedes einzelnen Mitgliedes ab.
Wir strengen uns alle an, damit unsere Gruppe Erfolg hat.
Wir kümmern uns nicht nur um uns selbst, sondern das Wohlergehen der ganzen Gruppe liegt uns am Herzen.

Die unterschiedlichen Lernsituationen

Die Angemessenheit der verschiedenen Lernkontexte bzw. ein erfolgversprechender Einsatz ist an bestimmte Voraussetzungen gebunden.

Wettbewerbslernen
Wird von vielen mit Druck, Stress, Blockaden und Ängsten assoziiert.
Manche Schüler fühlen sich jedoch durch die Wettbewerbssituation besonders motiviert und herausgefordert. Das ist immer dann der Fall, wenn:
⇒ man überzeugt ist, gewinnen zu können,
⇒ man sicher ist, erfolgreich sein zu können,
⇒ man an einem Sachverhalt, einem Lernbereich stark interessiert ist.

Einzelarbeit
Wird als angemessene und zufriedenstellende Lernart empfunden, wenn:
⇒ man eine Aufgabe, einen Lernbereich gut versteht und man über Strategien und Möglichkeiten verfügt, die Lernaufgabe allein erfolgreich zuende zu führen,
⇒ Interesse und intrinsische Motivation für bestimmte Bereiche besonders hoch sind,
⇒ man zum Verstehen und Bearbeiten eines Bereiches viel Ruhe und Muße braucht.

Kooperative Gruppenarbeit
Sie ist deshalb oft von Vorteil, weil:
⇒ Die Teampartner sich gegenseitig Lerninhalte erklären können,
⇒ Schüler sich deshalb seltener allein und hilflos fühlen,
⇒ sie die Erfahrung machen, dass gemeinsam entwickelte Ideen und Gedanken helfen, eine gestellte Aufgabe oder ein Problem leichter zu lösen,
⇒ sich schließlich die entlastende Gewissheit herausbildet, dass man auch bei schwierigen, zunächst als unlösbar eingeschätzten Aufgaben in der Gruppe meist einen Anfang, einen möglichen Zugang für das Problem findet, der von den Gruppenmitgliedern aufgegriffen und weiterentwickelt wird.

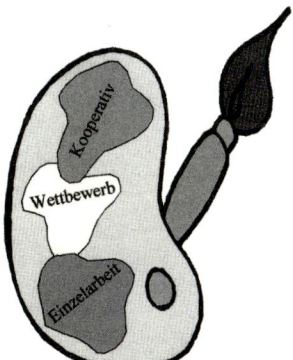

Aufgrund dieser Ausführungen und aus der Tatsache heraus, dass sich ganz sicher nicht alle Lerninhalte für eine Bearbeitung im kooperativen Gruppenzusammenhang eignen, gilt, dass nur eine richtige Mischung zum Erfolg führen kann:

> „Teachers should use all three ... in an integrated way, and students should be taught the skills necessary to function in all three types of situations."
> (Johnson, Johnson & Holubec 1986)

2 Welche schulischen Bedingungen erleichtern die Implementierung des Kooperativen Lernens?

2.1 Der äußere Rahmen

Für einen gut funktionierenden, erfolgreichen kooperativen Gruppenunterricht sind bestimmte äußere Rahmenbedingungen erstrebenswert:

⇒ Die Raumgröße sollte eine Gruppentisch-Anordnung zulassen.

⇒ Die einzelnen Tische sollten sich leicht und problemlos zu Gruppenanordnungen umräumen lassen. (Reibungsloses Funktionieren muss in aller Regel eingeübt werden!)

⇒ Ein separater Gruppenraum zum ungestörten Arbeiten von Arbeitsgruppen ist von Vorteil.

⇒ Die Räume sollten möglichst viele Pinnwände und Ausstellungsflächen aufweisen.

⇒ Neben den im allgemeinen üblichen sollten folgende Materialien in genügendem Maße vorhanden sein:
  – Viele verschiedenfarbige, dicke Faserstifte und Marker
  – buntes Tonpapier oder Plakatkarton
  – große Papierbögen oder -rollen zum Herstellen von Wandzeitungen, Plakaten und Postern. (Tipp: In Druckereien bekommt man bisweilen kostenlos sehr gut verwendbare „Ausschussware".)

2.2 Der innere Rahmen

Die folgenden innerschulischen Bedingungen erleichtern und fördern die erfolgreiche Installierung des Unterrichtsmodells Kooperatives Lernen.

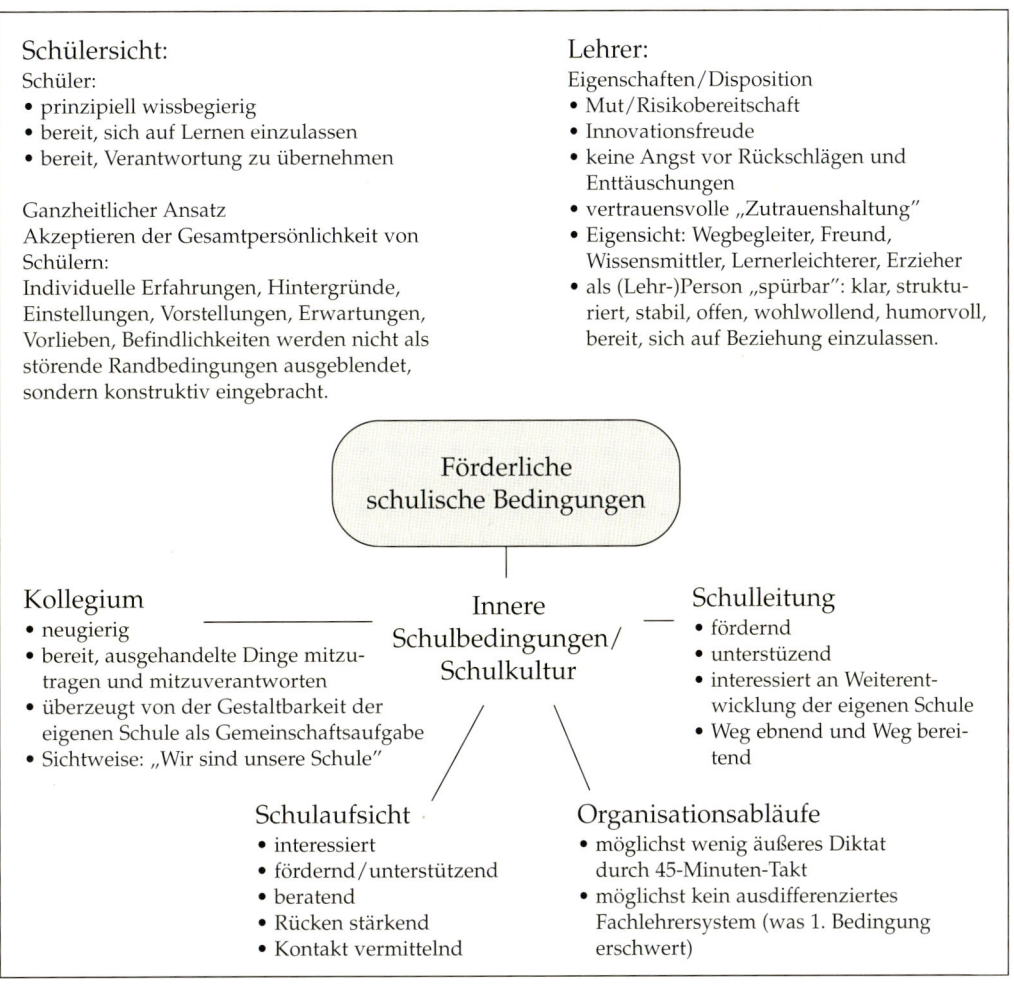

Innerschulische Bedingungen zum Kooperativen Lernen

Sicherlich werden sich aber in den wenigsten Schulen gleich alle förderlichen Ausgangsbedingungen finden lassen. Viele Schulen sind in Ansätzen auf dem Weg dorthin.
Dies ist jedoch kein Grund, kooperative Gruppenarbeit deshalb für zu schwierig und undurchführbar zu halten. Die Autorin selbst hat anfangs als Einzelperson in ihrer Schule mit einer Klasse mit dem kooperativen Unterricht begonnen. Im Laufe der Zeit fanden sich interessierte Mitstreiter. Einen wichtigen Meilenstein in unserer Entwicklung bildete eine unterstützende Schulleitung und eine besonders interessierte, fördernde Schulaufsicht, die – erfreut und beeindruckt vom Engagement einer Schule – für die Weiterverbreitung des Modells sorgte, Fortbildungen und pädagogische Tage bewilligte und arrangierte.

3 Erste Schritte bei der Implementierung des Kooperativen Lernens

Die ersten Unterrichtseinheiten sind sicherlich eine sehr wichtige und außerordentlich sensible Phase bei der Installierung des kooperativen Modells. Viele Lehrkräfte haben die Befürchtung, dass Lernfreude und weitere Motivation für Gruppenunterricht dahin sind, wenn sie hier Fehler machen. In diesem Zusammenhang wurden wir während eines unserer Workshops nach den wichtigsten „Fehlern" gefragt, auf die wir Kollegen, die mit dem Kooperativen Lernen beginnen wollen, zwecks Vermeidung hinweisen könnten. Auf die folgenden Bedingungen sollte man deshalb zu Anfang besonders achten:

⇒ Die grundlegenden, basalen Sozialfertigkeiten sollten angebahnt, geübt sein und beherrscht werden wie z. B. „Grundhaltung im Unterricht" (siehe Plakat „Give me 5"), „Sich melden", „Material vollständig haben", „Arbeitsaufträge aufmerksam verfolgen", „Ruhiger Umgangston" und „Förderliches Gesprächsverhalten". Dies lässt sich sehr einfach mit der geschilderten TeamPinBoard-Methode schon im Vorfeld bewerkstelligen und ist im Grunde zunächst unabhängig von der Unterrichtsmethode oder der gewählten unterrichtlichen Sozialform.

⇒ In Bezug auf die Aufgabenstellung für die Kleingruppen sollte man äußerst sensibel und kritisch sein, weil hier durch eine Überforderungssituation die Lust am selbstständigen Gruppenlernen sehr schnell verloren gehen kann. Zu Anfang sollte darauf geachtet werden, dass die Aufgaben für die Teilnehmer:
  – prinzipiell motivierend, anregend, ansprechend, interessant erscheinen,
  – spezifisch auf die einzelnen Teilnehmer zugeschnitten sind, so dass sie ihre Stärken und Vorerfahrungen zunächst ganz bewusst einbringen können,
  – machbar, bewältigbar und deshalb erfolgversprechend sind (nichts motiviert mehr als der Erfolg!),
  – ohne zu großen Aufwand an Material und Zeit durchführbar sind,
  – schließlich sehr gut strukturiert und gegliedert sind und
  – keinen zu hohen Komplexitätsgrad aufweisen.

⇒ In Bezug auf die Gruppierung bzw. die Zusammensetzung der Teams sollte man ebenfalls sehr behutsam umgehen. Bewährt hat sich der Start mit Partnerarbeit, wobei sich die Partner zunächst nach dem Freundschafts- oder Sympathieprinzip finden sollten. Wird dies beherrscht, können Vierergruppen zum Einsatz kommen. Auch hier sollten anfangs möglichst die Kinder miteinander arbeiten, die sich einigermaßen mögen. Beziehungsklärung gleich zu Anfang (so wichtig sie später auch ist und bewusst angeleitet wird!) würde sicherlich erheblich zu Lasten des Arbeitserfolgs gehen, der ja, wie betont wurde, grundlegend und konstituierend für die Implementierung des Gruppenunterrichts ist.

⇒ Der Zeitfaktor spielt ebenfalls eine wichtige Rolle. Zu Anfang sollten die Kleingruppen nicht länger als 10 oder 15 Minuten zusammen arbeiten.

⇒ Die Lehrperson sollte die Teams bei ihren ersten Versuchen sehr genau und gezielt beobachten. Wenn es auch – wie oben ausgeführt – gilt, dass die Gruppen mit Hilfe von besonders strukturierten, bewältigbaren Aktivitäten mit hohem Aufforderungscharakter möglichst eigenständig arbeiten sollen, so sollte der Lehrer, die Lehrerin, im Bedarfsfall doch sofort Unterstützung oder kleine Tipps geben können (möglichst Hilfe zur Selbsthilfe), um aufkommenden Frust sofort abzufangen.

⇒ Zur Präsentation der Arbeitsergebnisse vor der ganzen Klasse sollten nicht gleich alle Teammitglieder verpflichtet werden. Nicht allen Schülern fällt es gleichermaßen leicht, vorn, vor der gesamten Klasse, wenn man alle Augen auf sich selbst gerichtet sieht, zu agieren. Diese Fertigkeit ist sicherlich bei vielen entwicklungsbedürftig und muss mit viel Gespür und Geschick, unter Schaffung einer vertrauensvollen und Sicherheit spendenden Gesamtatmosphäre angebahnt werden. Dies aber benötigt Zeit. Ein erster Schritt dorthin ist deshalb für manche Schüler die Bereitschaft, vor der Klasse das erarbeitete Plakat zu halten und verschiedene Dinge darauf als Unterstützung für die berichtenden Mitschüler zu zeigen.

⇒ Ein weiterer wichtiger Baustein bei der Installierung von kooperativem Unterricht ist die offene Thematisierung der Prozesse und Produkte, die gemeinsame Bewertung durch die Gruppenmitglieder und das konstruktive Feedback der Lehrperson. Gerade bei dieser neuen, ungewohnten Arbeitsform, bei der man wesentlich auf die Kooperation mit anderen angewiesen ist, sind sicherlich konflikthafte Potenziale und Emotionen im Spiel, die, wenn sie nicht offen artikuliert werden können, als ständiger Sand im Getriebe stören. Hier sollte gleich zu Anfang darüber gesprochen werden, wie man die Aufgabe und das Miteinander in der Gruppe empfunden hat, hier sollte klar und präzise geäußert werden, was auf dem Weg zur Lösung hilfreich war oder eher als Hemmnis gesehen wurde.

⇒ Schließlich sollten gerade die ersten Erfolge miteinander kräftig gefeiert werden in dem Bewusstsein: Dies haben wir gemeinsam geleistet und deshalb haben wir uns das verdient!

4 Vermittlung von Sozialzielen im Unterricht

„Just because individuals are placed in a team doesn't mean that they have the knowledge, skills, and attitudes necessary to function effectively in that team."
Roger & David Johnson

Jede Gruppenarbeit meint Arbeit im Team. Um hier erfolgreich und förderlich miteinander arbeiten zu können, braucht es die solide Ausbildung von Teamfertigkeiten. Als eines der fünf grundlegenden Basiselemente des Kooperativen Lernens wurde bereits in Kapitel 3 die Vermittlung von Sozialzielen herausgestellt und im Zuge der Arbeit mit dem Sozialziele-Center ein sehr praktikabler Weg der Vermittlung von Sozialzielen aufgezeigt. Im Folgenden soll nun der Sozialziele-Katalog vorgestellt werden, der ein Instrument zur systematischen Vermittlung von Sozialkompetenz darstellt. Er bildet die Ausgangsbasis für die konkrete Arbeit mit den Sozialzielen im Unterricht.

4.1 Was ist der Sozialziele-Katalog (SoZiKa)?

Der SoZiKa stellt einen Lehrgang zur systematischen Steigerung sozialer Kompetenz dar. Er formuliert klar, verständlich und übersichtlich die sozialen Verhaltenserwartungen von Schülern und Lehrkräften. Es ist davon auszugehen, dass sich
„ ... positives Sozialverhalten bei nur wenigen Kindern und Jugendlichen primär aus Einsicht (entwickelt). Auf dem komplizierten Entwicklungsweg zum moralisch selbstverantwortlichen Wesen brauchen die Heranwachsenden Regeln, Warnschilder, Normverdeutlichungen und Grenzziehungen."
(Gustav Keller, 1999, S. 30)

Solche Regeln und Normverdeutlichungen werden im SoZiKa operationalisiert und als einzelne Sozialfertigkeiten formuliert, die in speziellen Unterrichtseinheiten thematisiert, mit (beobachtbaren!) Indikatoren versehen, reflektiert und konkret eingeübt werden. Wir betrachten den SoZiKa an unserer Schule als einen verbindlichen, gemeinsam von Schülern und Lehrern erarbeiteten Verhaltenskodex als Mindeststandards unseres Umgangs miteinander. Wir setzen bewusst auf Gemeinsamkeit und möchten mit dem Instrument Schüler und Lehrer stärken nach dem Motto:

Schüler – keine desorientierten Erziehungsobjekte
Lehrer – keine isolierten Einzelkämpfer

4.2 Welcher Ansatz liegt dem SoZiKa zugrunde?

Wir gehen davon aus, dass Kinder und Jugendliche durch die vorgenannten belastenden gesellschaftlichen Umbrüche, insbesondere durch den Verlust von verbindlichen und verbindenden Normen oft nicht mehr wissen, wie förderliches Sozialverhalten konkret ausschaut.
Wir setzen deshalb auf eine positive Verhaltensregulation durch das gemeinsame Erarbeiten und Aufzeigen von Positiv-Beispielen für spezifisches Verhalten. Wir wollen bewusst kein „Schulrecht" nach der Manier: Wenn du das tust, dann ...
Das schließt allerdings nicht aus, dass bei gravierenden Normverletzungen auch deutliche Konsequenzen und Sanktionen folgen. Diese sollten allerdings immer
- dem Fehlverhalten angemessen sein,
- unmittelbar erfolgen,
- begründet und erläutert werden,
- so geartet sein, dass sie die Würde der Person nicht verletzen bzw. keinen „Gesichtsverlust" bedeuten (Das konkrete Fehlverhalten steht zur Diskussion und nicht die gesamte Schülerpersönlichkeit!),
- nach dem Prinzip der „natürlichen Konsequenzen" (vgl. Keller 1999) gehandhabt werden (Entzug von Belohnungen und Vergünstigungen, Wiedergutmachung von Schäden, Übernahme von gemeinnützigen Aufgaben).

Prinzipiell gilt jedoch: Aufzeigen und Erarbeiten von Positiv-Beispielen für spezifisches Verhalten muss jeglicher Konsequenz vorausgehen.

- Die Arbeit mit dem SoZiKa ist kein Wundermittel! Eine rezeptartige Anwendung ohne grundlegende innere Rahmenbedingungen reicht nicht aus!
- Die Erarbeitung von Sozialfertigkeiten anhand des SoZiKa ist eine systematische, kleinschrittige, sehr klar strukturierte Zugangsform zur Entwicklung von unerlässlicher Sozialkompetenz, ohne die Lernen nur eingeschränkt möglich ist (vgl. Glompp 1999: „Soziale Kinder lernen besser").

Folgende grundsätzliche Annahmen liegen der Arbeit mit dem SoZiKa zugrunde:
Schüler können (und wollen) sich regelgerecht verhalten, wenn …
- sie genau wissen, was von ihnen erwartet wird/wie erwartetes, positives Verhalten konkret ausschaut,
- das Regelwerk in einen wohlwollenden, positiven, warmherzigen, von prinzipieller Anerkennung und Wertschätzung getragenen Kontext eingebettet ist,
- das Regelwerk angemessen und für die Schüler einsehbar ist,
- die Schüler (und Eltern) maßgeblich beim Aufstellen und Einhalten der Regeln einbezogen werden (vgl. Kohlberg 1996: Nach seinen Annahmen halten sich Schüler eher an Regeln, wenn sie diese selber entwickeln und gestalten dürfen.),
- den Schülern durch Feedback geholfen wird, sich verantwortlich an die Regeln halten zu können,
- ein Kollegium ein Regelwerk gemeinsam diskutiert, gestaltet, mitträgt und mitverantwortet (vgl. Keller 1999, S. 32: „Soziale Verhaltensstörungen treten dort häufiger auf, wo sich Lehrer hinsichtlich grundsätzlicher Erziehungsziele und Erziehungsmethoden uneins sind, wo Beliebigkeit und Gegenläufigkeit das pädagogische Handeln kennzeichnen. Daraus folgt, dass ein Kollegium ein pädagogisches Konzept, einen Ethos erarbeiten muss, an dem sich das Handeln ausrichtet … Dieser (Handlungsrahmen) besteht aus gemeinsam erarbeiteten und getragenen Grundsätzen, an denen sich die tägliche pädagogische Arbeit orientiert.").

Grundsätzliche Haltung/Überzeugung:
- Unterricht und Erziehung gehören untrennbar zusammen.
- Verhalten ist veränderbar, trainierbar.
- Verhalten kann nur in kleinen Schritten verändert werden.
- Die Grundlage bildet ein ausformuliertes Erziehungscurriculum, wodurch Erziehung ein
  ⇒ systematischer
  ⇒ zielorientierter
  ⇒ planvoller
  ⇒ „wohldosiert" vermittelter
  Prozess wird.

4.3 Welche Ziele verfolgt der SoZiKa?

Die systematische Arbeit mit dem Sozialziele-Katalog soll bei den Schülern folgende Kompetenzen anbahnen und ausbauen:
- bessere Selbstwahrnehmung, erfolgreiches Selbstmanagement
- Anerkennung und Respektieren von Bedürfnissen und Gefühlen Anderer/Akzeptieren von „Anders-Sein"
- Ausbau von Toleranz, Friedfertigkeit und Mitgefühl für Andere
- Anbahnung und Pflege förderlichen Kommunikationsverhaltens (wertschätzender und respektvoller Umgang miteinander)
- Steigerung von Konfliktkompetenz

4.4 Wie ist der SoZiKa entstanden?

Im Zuge der positiven Verhaltensregulation verwendeten wir bisher verschiedene Formen von Tokens- und Belohnungssystemen, Klassenregeln und Sanktionenkatalogen, Feedback- und Spiegelungsmaßnahmen in unterschiedlicher Art und Weise. Charakteristisch für all diese Maßnahmen war, dass sie meist individuell von einer Lehrperson allein durchgeführt wurden, und dass ein weiterführender Austausch über die Wirksamkeit des Instrumentes, die Möglichkeit des Sich- Einbringens weiterer Kollegen, Berührungspunkte mit anderen Modellen und schließlich die Reflexion über den Stellenwert der Maßnahme für den Gesamtzusammenhang Schule kaum – zumindest nicht institutionalisiert – stattfand. Auf diese Weise „versickerte" so manche an sich sehr fruchtbare Methode und zwischen den einzelnen Kollegen und den Schülern kam es nicht selten zu Irritationen in Bezug auf grundlegende Erziehungsziele und -maßnahmen.

Änderung der Rahmenbedingungen

Dies änderte sich mit der Einrichtung des pädagogischen Arbeitskreises „Gute Schule" (Gründung 1994, Treffen: 1x pro Monat nachmittags, gemeinsames Mittagessen, open end), womit wir uns das institutionelle Forum schufen für den professionellen kollegialen Austausch. Im Zuge des nun einsetzenden offenen, transparenten Dialogs und Diskurses über das, was bei uns wirkt und wer wir sein möchten (Frage nach unseren Stärken und Schwächen, dem bewusst gewollten Profil, Konzept, Programm) wurde auch die Frage nach einem verbindenden, verbindlichen, gemeinsamen Erziehungskonzept deutlicher formuliert.

Neue Erfahrungen
Zwei Faktoren/Erfahrungen bestimmten unser weiteres pädagogisches Handeln:

1. Wir machten zunehmend mehr die Erfahrung, dass unsere Schülerinnen und Schüler immer gravierendere Störbilder in ihrer psycho-sozialen Entwicklung zeigten und dass sie – was eng damit zusammenhängt – in erschreckendem Maße im wahrsten Sinne des Wortes „unerzogen" zu uns in die Schule kamen und of-fensichtlich überhaupt nicht wussten, wie förderliches Sozialverhalten konkret ausschaut. Diese Ausgangsbedingungen wirkten sich zudem deutlich negativ auf die Lern- und Leistungsbereitschaft unserer Klientel aus.

2. Wir lernten das kanadische Durham Board mit seinem Reformansatz auf Unterrichtsebene dem „Cooperative Learning" kennen. Hier sprach uns besonders an, dass Lernen in diesem Modell vornehmlich als ganzheitlicher, sozialer Prozess gesehen wird und dass soziales Lernen neben der fachlichen Unterweisung zu einem eigenständigen, gleichwertigen Lernfeld wird.

Praktische Umsetzung der neuen Erfahrungen
Wir führten das Kooperative Lernen 1996/97 an unserer Schule ein. Den Bereich Soziales Lernen („Social skills Training") nahmen wir heraus und entwickelten daraus – auf unsere Verhältnisse zugeschnitten – das Projekt „Sozialziele-Katalog" und zu dessen Anwendung das Instrument „Sozialziele-Center" (s. S. 114).

Konsequenzen für unsere Schulentwicklung in Hinblick auf die Unterrichts-, Kommunikations- und Organisationsentwicklung
Auf dem Hintergrund der Annahme eines eigenständigen Lernfeldes wird soziales Lernen nun durch den Lehrgangscharakter des vorliegenden Instrumentes zu einem systematisch vermittelbaren schulischen Inhalt. Erziehung und Vermittlung von sozialem Lernen verlieren dadurch den unguten Status der Beliebigkeit und „Beigabe". Sie bleiben nicht länger individuelle, isolierte Handlungsweisen, sondern sie werden zu einer abgesprochenen, ausgehandelten, verbindlichen Gemeinschaftsaufgabe aller an der Betreuung unserer Schüler und Schülerinnen Beteiligten mit dem Ziel der Schaffung größerer Konstanz, Verlässlichkeit und Kontinuität erziehlicher Maßnahmen zum Wohl unserer Kinder und Jugendlichen (und zur deutlichen Entlastung und höheren Zufriedenheit unserer Lehrkräfte).

Positive Effekte für das Kollegium
⇒ Gemeinsam etwas Neues ausprobieren – nämlich Soziales Lernen als Gemeinschaftsaufgabe zu begreifen und konkrete Umsetzungsmöglichkeiten zu entwickeln – fördert automatisch den kollegialen Austausch. Hier wird aktiv und tatkräftig dem problematischen – aber wohlbekannten – isolierten vor sich hin Arbeiten vorgebeugt, bei dem – wie oben erwähnt – Lehrer zu isolierten Einzelkämpfern und Schüler demzufolge meist zu desorientierten Erziehungsobjekten werden.

⇒ Sich einlassen auf Neues – offen, mutig und konstruktiv angegangen – schweißt zusammen. Alle sind Suchende und Lernende. Auf dem Hintergrund dieser Ausgangssituation sind geteilte Unsicherheiten und Ungewissheiten nur halb so schlimm, geteilte gemeinsame Erfolge allerdings doppelt so groß!

⇒ Die Schüler in Klassen, in denen soziales Lernen systematisch betrieben und kultiviert wird, pflegen mit der Zeit in aller Regel einen freundlicheren, positiveren und förderlichen Umgang miteinander. Dies führt dazu, dass das Klassengeschehen wesentlich besser, reibungsfreier und erfolgreicher verläuft. Insbesondere bei der kooperativen Gruppenarbeit werden die Schülerinnen und Schüler zunehmend selbständiger in ihren Arbeitsweisen, wodurch die Lehrkräfte allmählich weniger intensiv wegen jeder Kleinigkeit gefordert werden (und viel gezielter die ablaufenden Prozesse beobachten oder Einzelnen konzentrierter helfen können). Dies wiederum hat positive Auswirkungen auf die Zufriedenheit aller Beteiligten und das Gesamtklima in der Klasse.

⇒ Bindet man in den Innovationsprozess – wie oben erwähnt – möglichst viele an Schule Beteiligte, nämlich Kollegen aus den verschiedenen Disziplinen, vor allem auch Fachlehrer, Schüler, Eltern, Erzieher, Schulaufsicht usw. ein, so ist in aller Regel ein äußerst gewinnbringender Synergie-Effekt zu verzeichnen, der für alle mehr Kontinuität, Stärke, Sicherheit und Verbundenheit bedeutet.

4.5 Wie ist der SoZiKa aufgebaut?

Der SoZiKa formuliert in einem Grund- und einem Aufbaukurs für die Unter-, Mittel- und Oberstufe eine Reihe einschlägiger Sozialfertigkeiten oder Sozialziele, wobei kein Anspruch auf Vollständigkeit erhoben wird. Die Handlungsbereiche, die dabei abgedeckt werden, sind:
> ⇒ Disziplin
> ⇒ Kommunikationskompetenz
> ⇒ Konfliktverhalten
> ⇒ Gemeinschafts- und Teamfähigkeit
> ⇒ Emotionale Kompetenz

Es ergibt sich die auf der nächsten Seite folgende Matrix:

(Anmerkung: Einige Sozialfertigkeiten sind in dieser Matrix fett gedruckt. Das bedeutet, dass die entsprechende Sozialfertigkeit für verschiedene Bereiche von Belang ist, aber nur in einem Bereich thematisiert wird. Beispiel „Höflich sein": Wird thematisiert unter dem Bereich „Disziplin" (und ist deshalb dort fett gedruckt), ist aber ebenso von Wichtigkeit im Bereich „Team- und Gemeinschaftsfähigkeit".)

	Disziplin	Kommunikative Kompetenz	Konflikt-verhalten	Team- und Gemein-schaftsfähigkeit	Emotionale Kompetenz
Grund-kurs	Am Platz bleiben Sich melden Verhalten bei Unterrichtsbeginn Ordnung am Arbeitsplatz Arbeitsanweisungen erfüllen Material vollständig haben Grüßen Vornamen benutzen Verhalten zu Erwachsenen Höflich sein Verhalten im Klassenzimmer Verhalten im Schulhaus Verhalten im Pausenhof Am Aufstellplatz aufstellen Verhalten im Schulbus Leise Stimmen benutzen Bei der Sache bleiben Wut/Ärger kontrollieren Eigentum achten Verhalten zu Besuchern	Ein guter Spielkamerad/Lernpartner sein Gutes Gesprächsverhalten: Ein guter Zuhörer sein Ein guter Sprecher sein Aus Gesichtern/Gesten lesen können Respektvoller Umgang Wertschätzender Umgang	Gutes Gesprächsverhalten Mitgefühl zeigen Unterschiede akzeptieren Einen Streit meistern können	Anderen helfen Gutes Gesprächsverhalten Ein guter Spielkamerad/Lernpartner sein Unterschiede akzeptieren Respektvoller Umgang Wertschätzender Umgang Materialien teilen Niemanden ausschließen Höflich sein Ein guter Lernpartner, Klassenkamerad sein	Eigene Gefühle erkennen und äußern können Gefühle/Befindlichkeiten steuern können Wut/Ärger kontrollieren Mitgefühl zeigen
Aufbau-kurs	Verantwortungsbewusst sein Zuverlässig sein Sich selbst kontrollieren Gefühle/Impulse steuern Angemessene Lautstärke im Gruppenunterricht Sozialform-Wechsel angemessen meistern Verantwortung für ein gutes Klassen-/Schulklima übernehmen Für Kleinere ein Vorbild sein „Erwachsenen-Verhalten" beherrschen Durchhaltevermögen zeigen	Aktiv zuhören Paraphrasieren können Meinungen fair äußern Konstruktives Feedback geben Kompromissfähig sein Verhandeln können Kritik in sozialfördernder Weise äußern Meinungen, nicht Menschen kritisieren	Konflikte angemessen lösen können Sich in andere einfühlen Gefühle anderer in eigenes Handeln integrieren Perspektiven anderer über-nehmen können Kompromissfähig sein Für Kleinere ein Vorbild im Konfliktaustragen sein	Ein guter Teampartner sein Verlässlich eigene Anteile der Teamarbeit erledigen Andere ermutigen Andere loben Verantwortung für ein gutes Klassen-/Lernklima übernehmen Verantwortung für die eigenen Lern- und die gemeinsamen Gruppenprozesse übernehmen Andere aktiv „in die Gemeinschaft holen"	Sich in andere einfühlen/ Befindlichkeiten anderer spüren Anteil nehmen Gefühle anderer in eigenes Handeln integrieren Anfechtungen/Verführungen widerstehen Mit Enttäuschungen konstruktiv umgehen

Wesentlich ist, dass für jede Sozialfertigkeit Verhaltensindikatoren entwickelt werden, d. h. jede Sozialfertigkeit wird in konkret wahrnehmbares, schülerverständliches Verhalten „übersetzt". Es gilt die Leitfrage: Was kann man von jemandem sehen und hören, der ein bestimmtes Sozialziel erfüllt?

Hilfreich und sehr praktikabel für die Erarbeitung der Verhaltensindikatoren ist die T-Diagramm-Methode, die wir bei zahlreichen Hospitationsbesuchen in kanadischen Schulen kennen lernten.

Für jede Sozialfertigkeit gibt es insgesamt vier Bögen.

Bogen 1: Titel der Sozialfertigkeit zum Einhängen in das Ziele-Center

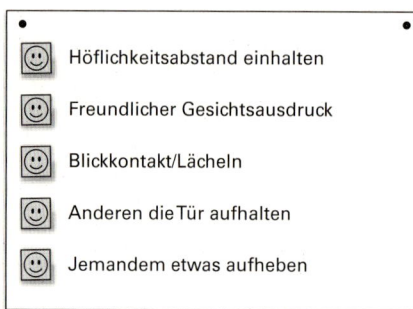

Bogen 2: vorformulierte Indikatoren der Kategorie „sehen"

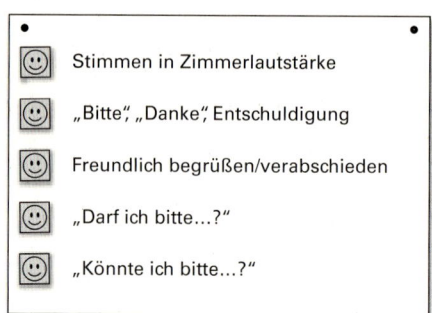

Bogen 3: vorformulierte Indikatoren der Kategorie „hören"

Bogen 4 ist für die Hand der Schüler:
- Hier schreiben sie die gemeinsam mit den Klassenkameraden und der Lehrkraft vereinbarten Regeln auf.
- Sie bewerten sich jeden Tag selbst, indem sie sich selbst den passenden Smiley geben.
- Die Lehrkraft gibt eine Rückmeldung.
- Die Eltern oder Erziehungsberechtigten schließlich bestätigen die Kenntnisnahme des Sozialziels per Unterschrift und sind eingeladen, ebenfalls eine Rückmeldung oder einen Kommentar zu schreiben.

Der Bogen 4 ist je nach Schulart (Förderschule/Regelschule) und Schulstufe (Grundschule Klasse 1, 2, 3 und 4, sowie Hauptschule) differenziert. Im Folgenden sind deshalb fünf verschiedene Schülerbögen – je nach Entwicklungsstand der Schüler – zu finden. Sie können je nach Bedarf verwendet werden.

Bewertungsbogen Klasse 1

Material

Das ist das Ziel der Woche vom _____ bis _____

Dies kann man von jemandem sehen und/oder hören, der das Ziel beherrscht.
Diese Dinge werde ich in dieser Woche deshalb besonders beachten:

👁

👂

Wie gut habe ich die Regeln eingehalten? Ich zeichne jeden Tag das passende Gesicht ein.

☺ prima!!!   😐 nicht immer geschafft   ☹ muss besser werden!

Montag   Dienstag   Mittwoch   Donnerstag   Freitag

Kommentar Lehrperson	Kenntnisnahme / Kommentar Eltern / Erziehungsberechtigte
Datum/Unterschrift	Datum/Unterschrift

Bewertungsbogen Klasse 2

Material

Das ist das Ziel der Woche vom _____ bis _____

<u>Dies</u> kann man von jemandem sehen und/oder hören, der das Ziel beherrscht.
<u>Diese</u> Dinge werde ich in dieser Woche deshalb besonders beachten:

Wie gut habe ich die Regeln eingehalten? Ich zeichne jeden Tag das passende Gesicht ein.

😊 prima!!!   😐 nicht immer geschafft   ☹ muss besser werden!

Montag — Dienstag — Mittwoch — Donnerstag — Freitag

Kommentar Lehrperson

Kenntnisnahme / Kommentar
Eltern / Erziehungsberechtigte

Datum/Unterschrift

Datum/Unterschrift

Bewertungsbogen Klasse 3 und 4

— Material —

Das ist das Ziel der Woche vom _____ bis _____

<u>Dies</u> kann man von jemandem sehen und/oder hören, der das Ziel beherrscht.
<u>Diese</u> Dinge werde ich in dieser Woche deshalb besonders beachten:

Wie gut habe ich die Regeln eingehalten? Ich zeichne jeden Tag das passende Gesicht ein.

☺ prima!!!   😐 nicht immer geschafft   ☹ muss besser werden!

Montag	Dienstag	Mittwoch	Donnerstag	Freitag
◯	◯	◯	◯	◯

Kommentar Lehrperson	Kenntnisnahme / Kommentar Eltern / Erziehungsberechtigte
Datum/Unterschrift	Datum/Unterschrift

Bewertungsbogen Hauptschulstufe

Material

Das ist das Ziel der Woche vom _____ bis _____

Dies kann man von jemandem sehen und/oder hören, der das Ziel beherrscht.
Diese Dinge werde ich in dieser Woche deshalb besonders beachten:

Ich lege mir selbst jeden Tage Rechenschaft ab, wie gut ich die vereinbarten Regeln eingehalten habe, indem ich jeden Wochentag mit der passenden Farbe markiere.

prima!!!   nicht immer geschafft   muss besser werden!

Montag	Dienstag	Mittwoch	Donnerstag	Freitag
○	○	○	○	○

Kommentar Schüler/in:

Kommentar Lehrperson:

Kenntnisnahme / Kommentar Eltern / Erziehungsberechtigte:

Datum / Unterschrift   *Datum / Unterschrift*   *Datum / Unterschrift*

Bewertungsbogen Förderschule

Material

Das ist das Sozialziel der Woche

vom .... bis ....

Dies kann man von jemandem sehen und/oder hören, der das Sozialziel beherrscht.
Diese Dinge werde ich in dieser Woche deshalb besonders beachten:

	Montag	Dienstag	Mittwoch	Donnerstag	Freitag	Bewertungsschlüssel	Gesamtzahl
1. Std.	☺	☺	☺	☺	☺	ab 24 ☺ Super, das hat sehr gut geklappt!	
2. Std.	☺	☺	☺	☺	☺	19–23 ☺ Weiter so, das hat ganz gut geklappt!	
3. Std.	☺	☺	☺	☺	☺	14–18 ☺ O.K., nächste Woche schaffst du es besser!	Smilies in dieser Woche
4. Std.	☺	☺	☺	☺	☺		
5. Std.	☺	☺	☺	☺	☺	0–13 ☺ Schade, das kannst du besser!	
6. Std.	☺	☺	☺	☺	☺		

Kenntnis genommen

_____ _____ _____ _____ _____   _____   _____
Unterschrift Lehrkraft *Unterschrift Lehrkraft* *Unterschrift Lehrkraft* *Unterschrift Lehrkraft* *Unterschrift Lehrkraft* *Datum* *Unterschrift Eltern/Erzieherin*

Zusätzlich sind etliche Sozialfertigkeiten mit wertvollen Tipps zur unterrichtlichen Vermittlung (Materialbögen, Checklisten, Reflexionshilfen) angereichert und es werden in vielen Fällen die jeweils korrespondierenden Sozialfertigkeiten angegeben.

Einige komplexe Sozialfertigkeiten, wie z. B. „Respektvolles Verhalten", werden nicht in der üblichen Art und Weise mit den vorgestellten fünf Bögen bearbeitet. Generelle Indikatoren nach den Kategorien „Sehen/Hören" oder „Ja/Nein" lassen sich nur schwer festmachen. Sinnvoller erscheint es hier, Anregungen für die unterrichtliche Bearbeitung an die Hand zu geben, aus denen je nach Schwerpunkt und spezifischer Situation vor Ort Verhaltensindikatoren entwickelt werden können.

Jeder Schüler, jede Schülerin führt eine *Sozialziele-Mappe* (Schnellhefter), in die er/sie die bearbeiteten Ziele einheftet. Dort kann bei Bedarf immer wieder nachgeschlagen und ein bestimmtes Ziel noch einmal aufgefrischt werden.

Noch einfacher geht es mit dem *„Schülerbegleitheft"*, das wir an unserer Schule entworfen haben. Dieses Heft (Es wird verbindlich von jedem Schüler/jeder Schülerin geführt und von den Eltern erworben) fasst ein *Hausaufgabenheft*, ein *Mitteilungsheft* und die *Sozialziele-Mappe* zusammen. Die Schüler und Schülerinnen haben den Vorteil, dass sie nun nur noch ein Geheft benötigen und die „Zettelwirtschaft" mit den einzelnen Bögen (die nur sinnvoll genutzt werden können, wenn sie kontinuierlich und zuverlässig in die Mappe eingeheftet werden) ein Ende hat.

Das Schülerbegleitheft ist auf ein halbes Schuljahr ausgelegt und dokumentiert kontinuierlich im Sinne eines Portfolios Entwicklung und Verlauf sozialer und emotionaler Kompetenz einer Schülerin/eines Schülers.

4.6 Die Charakteristika des SoZiKa auf einen Blick

⇒ Der SoZiKa geht weiter als viele andere Programme zur Steigerung der Sozialkompetenz. Er liefert konkrete, schülerverständliche Indikatoren für erwünschtes Verhalten. Die allenthalben geforderten Basis- und Schlüsselqualifikationen wie Team- und Gemeinschaftsfähigkeit, Friedfertigkeit und Toleranz bleiben nicht nur hehre Ziele, sondern sie werden „heruntergebrochen" und „übersetzt" in konkret wahrnehmbares und nachvollziehbares Verhalten. (Leitfrage: Was kann man von jemandem sehen und hören, der sich z. B. friedfertig verhält?)

⇒ Dem SoZiKa liegt die Sichtweise zugrunde, dass soziales Lernen zu einem eigenständigen Lernfeld werden muss. Das bedeutet für das soziale Lernen:
  ○ weg aus dem Bereich der beliebigen Beigabe zur sonstigen unterrichtlichen Vermittlung,
  ○ hin zu einer systematischen Vermittlung sozialer Fertigkeiten auf der Grundlage eines curriculumartigen Sozial-Erziehungs-Lehrgangs.

⇒ Die Arbeit mit dem SoZiKa führt in aller Regel zu einem beachtlichen, sehr fruchtbaren Synergieeffekt für alle Beteiligten. Das Schaffen eines gemeinsamen Sozialerziehungs-Kodexes, auf den sich alle Beteiligten beziehen können, ist von großem Wert für ein Kollegium.

⇒ Da die Schüler maßgeblich bei der Erarbeitung der Indikatoren für die Sozialfertigkeiten eingebunden sind, besteht eine hohe Akzeptanz des vereinbarten Reglements.

⇒ Der Lehrgang SoZiKa ist ohne große Vorbereitung von allen Lehrpersonen einsetzbar. (Lediglich ein Bereich an einer Klassenzimmerwand müsste als „Sozialziele-Center"- wie auf der folgenden Seite abgebildet – hergerichtet werden.)

⇒ Der SoZiKa ist in seiner Handhabung einfach und durch die klare Struktur nicht zu zeitaufwändig.

⇒ Somit wird eine effektive, gewinnbringende Sozialerziehung handhabbar und machbar.

4.7 Die Arbeit mit dem Ziele-Center und dem Sozialziele-Katalog

Montag früh sollte im Anschluss an die Wochenanfangsrunde mit der Einführung und Besprechung des Zieles der Woche, des Tages oder der nächsten Zeit begonnen werden. Die Auswahl und zeitliche Reihenfolge der Sozialziele sollten stets auf den individuellen Kontext, auf den „Entwicklungsstand" und den Bedarf der Klasse oder Gruppe bezogen werden. Wir in unserer Schule zur Erziehungshilfe haben uns gemeinschaftlich im Kollegium entschlossen, „ganz unten", bei den basalen Fertigkeiten zu beginnen, die für jeglichen schulischen Zusammenhang erst einmal Grundvoraussetzung sind. Dazu gehört zunächst das folgende grundlegende Ritual, um Aufmerksamkeit zu erzeugen:

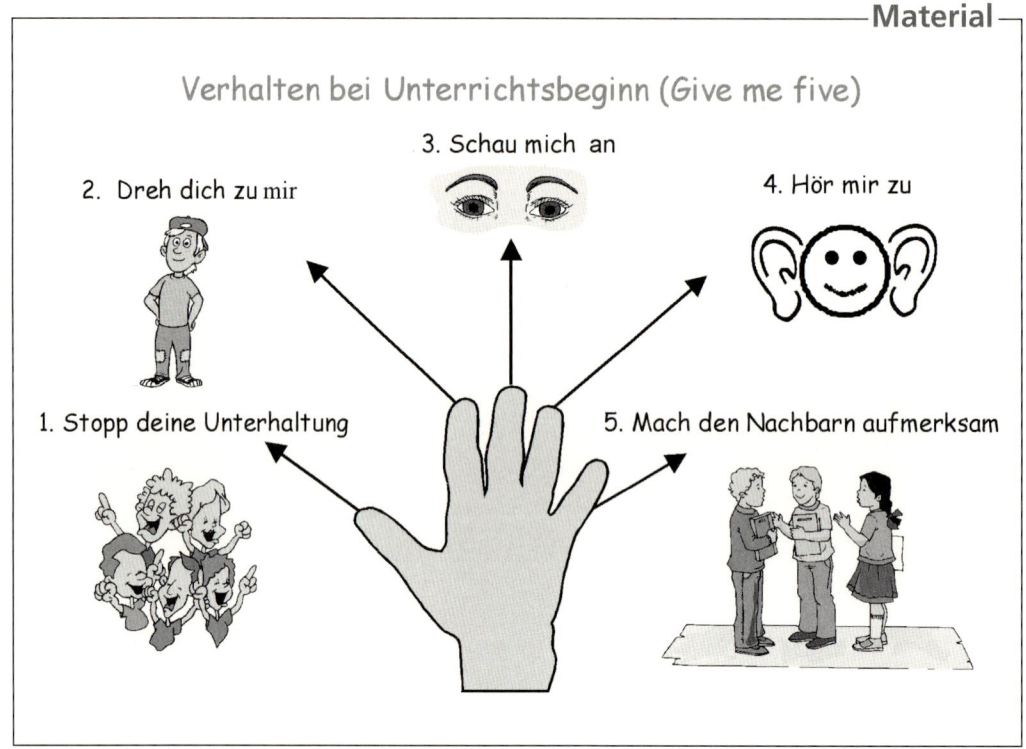

Nach der Thematisierung von Sinn und Zweck der aktuellen Sozialfertigkeit (s. allgemeine Leitfragen bei der Vermittlung von Sozialzielen), geht es an die gemeinsame Erstellung eines T-Diagramms, d. h. Schüler und Lehrer ermitteln gemeinsam die Verhaltensweisen, die man konkret sehen und hören kann von jemandem, der dieses Sozialziel erfüllt. Dabei hat mir die Erfahrung der letzten Jahre gezeigt, wie wichtig die Einbindung der Schüler in diese Tätigkeit ist. Zum einen spüren sie, dass sie ernst genommen werden, zum anderen kamen häufig gerade von Schülerseite wertvolle Anregungen für konkrete Verhaltensindikatoren.

Anschließend wird die entsprechend erarbeitete Sozialfertigkeit als Wochen- oder Tagesziel am Sozialziele-Center im Klassenzimmer ausgehängt. Des Weiteren trägt jeder Schüler die erarbeiteten Indikatoren des je förderlichen Verhaltens in sein Schülerbegleitheft ein, das er immer dabei hat. Hier kann im Übrigen immer mal wieder bei Bedarf nachgeschlagen werden.

Wenn das Sozialziele-Center in jedem Klassenzimmer und jedem Fachraum hängt und genutzt wird – so, wie wir es z. B. an unserer Schule eingeführt haben – ist es auch in Vertretungssituationen oder für Fachlehrer und Lehrerinnen nicht schwer, in die Arbeit mit den Sozialzielen einzusteigen, weil sie ein Instrument nutzen können, das für die Schüler nichts Neues ist, sondern in Art und Handhabung an den sonstigen Klassenunterricht anknüpft. Somit ergibt sich die außerordentlich vorteilhafte Situation der kontinuierlichen erziehlichen Betreuungsdichte für die Schülerinnen und Schüler. Für die Fachkollegen bietet dieses Vorgehen darüber hinaus in aller Regel eine große Hilfe, verstärkte Sicherheit und insgesamt wertvolle Unterstützung.

4.8 Anmerkungen zum Arbeiten an einheitlichen, verbindlichen Sozialzielen

Gerade für den Förderschulbereich, der ja gekennzeichnet ist durch Schüler, die ganz spezifisch ausgeprägte Defizite, Bedürfnisse und unterschiedliche Entwicklungsbedingungen aufweisen, stellt sich die Frage:

> Macht das Einfordern allgemeiner Interaktions- und Kommunikationsfertigkeiten via klassen- oder gruppenweiter Verpflichtung auf ein gemeinsames Sozialziel mithilfe des TeamPinBoards – für einen Tag oder eine Stunde – überhaupt Sinn?

Erfolgreiche Interaktions- und Kommunikationsfertigkeiten zeigen sich in förderlichen Verhaltensweisen in sozialen Kontexten. Jegliche Gruppenarbeit, jegliche Arbeit im Team ist auf Interaktionskompetenz angewiesen. Diese wird jedoch – wie wir alle wissen – in den seltensten Fälle schon in die Schule mitgebracht, sie muss meist in Form von einer Handvoll einschlägiger Sozialziele angebahnt, gelernt und gepflegt werden.
Je besser diese Sozialziele bei den Schülern ausgebildet sind, desto erfolgreicher ist sicherlich die Gruppenarbeit. Insofern macht es Sinn, diesen Grundfundus an Interaktionsfertigkeiten schrittweise gleichzeitig und gemeinsam zu lernen und schließlich die Lernfortschritte gemeinsam zu bewerten, um zu schauen, wo die Gruppe steht und wo sie sich verbessern muss.
Unbeschadet dessen kann parallel dazu an notwendigen individuellen Sozialfertigkeiten gearbeitet werden.

Beispiel:
Gemeinsames Sozialziel des Tages: „Leise Stimmen bei der Gruppenarbeit benutzen"
Individuelles heutiges Ziel für Florian: „Sprecher anschauen"
Individuelles heutiges Ziel für Sandra: „Andere ausreden lassen"
Während das gemeinsame verbindliche Ziel am TeamPinBoard ausgehängt wird, können die individuellen Zielsetzungen – so handhaben wir dies in unserer Schule – auf einem kleinen Streifen vermerkt werden, den die Schüler oben an den Rand ihres Arbeitstisches heften. Gerhard Kleindiek hat dieses Exemplar entworfen:

Forian	Ich nehme mir in der Woche vom _____ bis _____ vor:				
Sprecher immer anschauen!	Mo	Di	Mi	Do	Fr

In den Feldern für die Wochentage kann dann noch per Smilie eine Selbstbewertung vorgenommen werden.

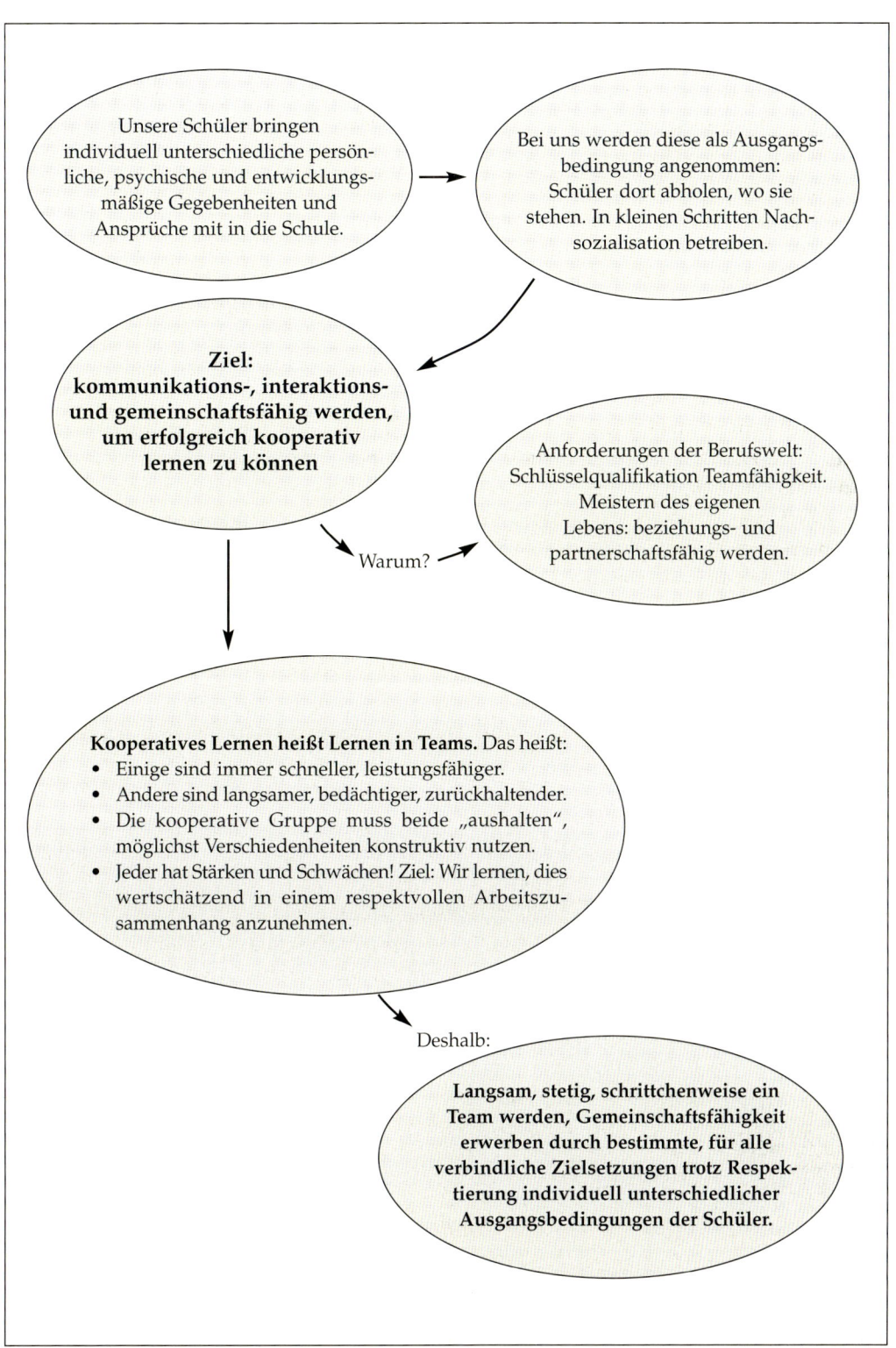

Der Weg zu Interaktions- und Kommunikationsfähigkeit

4.9 Exkurs zur Sozialfertigkeit „Respektvolles Verhalten"

Bei einem Besuch der South Simcoe Elementary School in Oshawa/Kanada, einer so genannten „Brennpunktschule" in einem sozialschwachen Gebiet mit vielen Arbeitslosen und Alleinerziehenden erlebten wir in sehr eindrucksvoller Weise, wie Selbst- und Sozialkompetenz der Schüler durch umfangreiches Thematisieren des für die Schule zentralen Begriffs „Respekt" angebahnt wurden. Die inhaltliche Bedeutung des Begriffs wurde in der Trias
– Respekt vor sich selbst
– Respekt vor anderen Menschen
– Respekt vor der Umwelt
eingehend mit den Schülern in allen Klassen behandelt und auf diese Weise eine ganze Bandbreite respektvollen Verhaltens transparent, erfahrbar und nachvollziehbar gemacht. Sodann gestaltete man gemeinsam mit allen Klassen als Schulhausprojekt einen überdimensional großen „Respektbaum", den man im Hauptflur an einer Wand – gut sichtbar für Jedermann – anbrachte.

Man entschloss sich dann, respektvolles Verhalten durch prompte Belohnung positiv zu verstärken und dadurch als Sozialfertigkeit zu stabilisieren. Jeder Lehrer und jede Lehrerin erhielt deshalb einen Bestand an liebevoll gestalteten „Respektkärtchen" mit der Aufschrift: „Danke für dein respektvolles Verhalten!" Auf diese Weise konnte jede Lehrkraft beobachtetes respektvolles Verhalten im Sinne der gemeinsam vereinbarten Definition sofort durch Überreichen eines Kärtchens belohnen. Hatte ein Schüler eine bestimmte festgesetzte Anzahl von Kärtchen angesammelt, wurde sein Bild gut sichtbar an den Respektbaum geheftet. Zusätzlich kochten die Lehrer ihm sein Lieblingsessen und bewirteten ihn an einem schön gedeckten Tisch im Lehrerzimmer.

5 Die Gruppe zum echten Team entwickeln – Teamfähigkeit, eine Schlüsselqualifikation für erfolgreiche, kooperative Gruppenarbeit

Erfolgreiche, kooperative Gruppenarbeit ist nur gewährleistet, wenn der Umgang der Schüler und Schülerinnen miteinander von gegenseitiger Wertschätzung, Akzeptanz, Respekt, Vertrauen und Einfühlungsvermögen getragen ist. Eine solche Interaktionsqualität ist aber – wie schon mehrfach betont – nicht die automatische Folge des Gruppensettings. In den meisten Fällen muss sie eigens thematisiert, bewusst gemacht, gelernt und gepflegt werden.

Studien zur Gruppenforschung weisen auf gewisse „Gesetzmäßigkeiten" hin, was die Entwicklung von einer Gruppe zu einem wirklichen Team in bestimmten, aufeinander folgenden Phasen anbelangt. Diese insgesamt vier Phasen beschreibt Elmar Philipp nach Francis & Young:

1. Die Testphase oder „Forming"
2. Die Nahkampfphase oder „Storming"
3. Die Organisationsphase oder „Norming"
4. Die Integrationsphase oder „Performing"

Was diese einzelnen Phasen bedeuten bzw. was inhaltlich in ihnen geschieht, charakterisieren Pallasch/Schulze folgendermaßen:

	Inhaltsebene	Beziehungsebene
1. Phase: Forming	Kennenlernen der Aufgabe	Einschätzen der Situation und Abhängigkeiten; Kennenlernen und Abtasten; Suche nach Anhaltspunkten und Hilfen
2. Phase: Storming	Schwierigkeiten mit der Aufgabe; Widerstand gegen die Aufgabe	Es entstehen Konflikte innerhalb der Gruppe; Feindseligkeiten und Spannungen treten auf; Positionskämpfe brechen auf; Untergruppenbildungen
3. Phase: Norming	Austausch von Informationen und Interpretationen zur Aufgabenstellung	Harmonisierung der Beziehungen; Normen werden festgesetzt; Rollendifferenzierung; Teilnahme am Gruppengeschehen; Entwicklung eines Gruppenzusammenhalts
4. Phase: Performing	Arbeiten an der Aufgabe; Auftauchen von Lösungen	Funktionelle Rollenbezogenheit ist abgeschlossen

Das heißt, wann immer eine Gruppe gebildet wird und zu einem echten Team werden will (Forming), benötigen die Mitglieder unbedingt eine Fülle von Möglichkeiten, um sich gegenseitig kennen zu lernen. Man „tastet" einander mehr oder weniger vorsichtig ab, um schließlich seinen individuellen Platz in der Gruppe auszutesten und zu bestimmen. Hier kommt es mitunter zu Konflikten und Auseinandersetzungen (Storming). Wenn dann die Gruppenmitglieder sich allmählich akzeptieren, tolerieren, respektieren, jeder seinen Platz in der Gruppe gefunden hat und man sich einem gemeinsamen Ziel verpflichtet fühlt (Norming), kann die Gruppe schließlich effektiv und erfolgreich arbeiten (Performing).

> *Before any cooperative learning can be undertaken in the classroom, we encourage teachers to invite all students to participate in „getting to know you" types of activities. These quick but informative interactive sessions allow the students to become familiar with all their classmates. These activities begin the bulding of a risk-free environment and promote an atmosphere of trust and acceptance.*
> *From these initial classbuilding activities in September or at the beginning of a term, teachers can move students into small group formations and begin teambuilding.*
> *As teams gel, they move through four stages, familiar to teachers who heve worked with students in groups. Particular skills are required and must be taught at each of the forming, storming, norming and performing stages. Teambuilding is an on-going process wherein students in groups perfect their social and academic performances.*
>
> *Jim Craigen & Chris Ward 1996*

5.1 Wo steht die Gruppe in ihrer Teamentwicklung?

Spezifische Indikatoren zeigen an, auf welchem Stand sich eine Gruppe hinsichtlich der Entwicklung zu einem arbeitsfähigen, „echten" Team befindet (nach Roger und David Johnson).

Pseudo-Gruppe: Zusammensitzen, mehr nicht!
Merkmale:

⇒ Ein Schüler macht mehr oder weniger die gesamte Arbeit.

⇒ Einige Schüler halten sich völlig raus, beschäftigen sich mit anderen Dingen.

⇒ Verwendung von „Killer-Phrasen".

⇒ Es herrscht Wettbewerbshaltung, Infos werden bewusst zurückgehalten.

⇒ Stille Mitglieder, die sich überhaupt nicht äußern.

Gruppen beim traditionellen Gruppenunterricht: Zusammen etwas tun, aber so richtig will's nicht klappen
Merkmale:

⇒ Jeder ist nur auf eigene Leistung bedacht.

⇒ Ideen werden geäußert, aber von den anderen nicht aufgegriffen.

⇒ Man strebt nicht nach Konsens.

⇒ Es gibt einen – oft dominanten – Gruppenführer.

⇒ Eine Bewertung der gruppendynamischen Prozesse findet nicht statt.

Kooperative Lerngruppen: Vereinbarte gemeinsame Ziele, jeder erfüllt verlässlich seine Aufgabe, förderliches Sozialverhalten wurde gelernt und wird deutlich sichtbar angewendet
Merkmale:

⇒ Vereinbarte gemeinsame Ziele (erkennbare Gruppenidentität).

⇒ Jeder ist in den Arbeitsprozess involviert.

⇒ Jeder fühlt sich für das Gelingen der Prozesse und Produkte verantwortlich (shared leadership).

⇒ Man hört einander sorgfältig zu, greift die Beiträge anderer auf und führt sie weiter.

⇒ Man gibt anderen verbale Unterstützung.

⇒ Man überprüft sorgfältig, ob alle die Aufgabe verstanden haben.

⇒ Sowohl das Arbeitsprodukt als auch die Gruppenprozesse werden eingehend unter die Lupe genommen und zwecks Verbesserung evaluiert.

6 Teambildende Maßnahmen

Um das Geschehen in den geschilderten Phasen auf dem Weg zum arbeitsfähigen Team für die Schüler zu erleichtern, positiv und konstruktiv zu gestalten, sieht das Kooperative Lernen als einen wichtigen konzeptionellen Baustein sogenannte „Teambildende Maßnahmen" vor.

6.1 Ziele und Anliegen teambildender Aktivitäten
Spencer Kagan nennt fünf Ziele, die mit diesen Maßnahmen verfolgt werden:

- Weitgehendes gegenseitiges Kennenlernen
- Aufbau von Teamidentität
- Erfahren gegenseitiger Unterstützung
- Schätzen und Respektieren von individuellen Unterschieden
- Aufbau von Synergie

Erfolgreiche kooperative Gruppenarbeit kann nur gelingen, wenn die Teammitglieder in sozialförderlicher Weise miteinander umgehen, d. h., dass sie sich gegenseitig akzeptieren, wertschätzen, respektieren, vertrauen, sich in andere einfühlen können und Anteil nehmen. Dies anzubahnen und immer wieder einzuüben ist das zentrale Anliegen von teambildenden Aktivitäten. Konkret gemeint ist damit ein intensives gegenseitiges Kennenlernen der Gruppenmitglieder durch einen regelmäßigen, vielfältigen Austausch über persönliche Hintergründe, Vorstellungen, Wünsche, Erwartungen, Vorlieben usw. Dies kann nur erreicht werden durch die Bereitschaft des Sich-Öffnens einerseits und durch ein aktives, interessiertes Zuhören, Wahrnehmen und Rückmelden auf der anderen Seite. Praktische Beispiele von teambildenden Maßnahmen werden auf den folgenden Seiten erläutert.

Erfolgreiches kooperatives Arbeiten benötigt folgende interaktive Kompetenzen:

- **Respektieren**
- **Akzeptieren**
- **Wertschätzen**
- **Vertrauen**
- **Einfühlen**
- **Anteilnehmen**

Teambildende Maßnahmen können diese Kompetenzen befördern, indem sie ein sensibles Sich-Öffnen/Mitteilen und ein aktives, anteilnehmendes Zuhören bei den Gesprächspartnern anbahnen und ausbauen. Auf den Punkt gebracht bedeutet dies: Schülern die Möglichkeit zu geben, über Dinge zu sprechen, die ihnen am Herzen liegen.

Ein „echtes", gut funktionierendes Team wird man nicht anhand von ein oder zwei Kennenlern-Spielen zu Beginn des Schuljahres. Um wirklich gegenseitiges Vertrauen, Anteilnahme und Wertschätzung zu entwickeln, braucht es Raum und Zeit für intensiven gegenseitigen Austausch. Dies kann durch stetig angewendete, sensibel geplante teambildende Maßnahmen geschehen.

Teambildende Maßnahmen, die Schüler veranlassen, sich mitzuteilen und einander respektvoll zuzuhören, spielen eine große Rolle bei der Entwicklung von gegenseitigem Vertrauen, Einfühlungsvermögen und der Sensibilität für den Gesprächspartner.

Solche Kompetenzen sind unabdingbar für erfolgreiche kooperative Gruppenarbeit!

Nur dadurch, dass ich dir erlaube, mich kennenzulernen, mache ich es dir möglich, mich zu mögen. Dadurch, dass ich mich dir öffne, entsteht die potentielle Möglichkeit, dass gegenseitiges Vertrauen, Wertschätzung und Verständnis entstehen.
Wie kannst du mich verstehen, wenn du mich nicht kennst? Wie kannst du mir vertrauen, wenn ich dir nicht Vertrauen entgegenbringe, indem ich mich dir öffne?
Wie können wir eine positive Beziehung entwickeln, wenn wir wenig oder gar nichts voneinander wissen? Wie kann ich selbst etwas über mich wissen, mich selbst verstehen, wenn ich mich nicht Freunden gegenüber öffne?
Um mich zu mögen, mir zu vertrauen, eine freundschaftliche Beziehung mit mir aufzubauen, und dann besser mit mir arbeiten zu können, musst du mich kennen!

nach David W. Johnson 1986

6.2 Möglichkeiten des Aufbaus von Gruppenidentität durch teambildende Maßnahmen

— Material —

Grundidee: Das haben wir gemeinsam/das verbindet uns

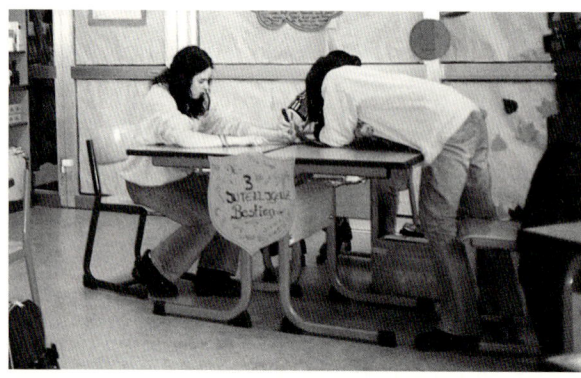

- Überlegen und Festsetzen gemeinsamer Ziele

- Erfinden eines Gruppenliedes oder -gedichtes

- Aufstellen eines Gruppenmottos oder -slogans

- Anfertigen einer Gruppenflagge

- Festsetzen eines Gruppennamens

- Gruppenbelohnungen überlegen

- Gemeinsame Vorlieben überlegen

-

-

6.3 Aktivität: „Ich über mich"

— Material —

Ich über mich

1. Welches ist für dich der schönste Platz auf der ganzen Welt? Warum?

2. Wo kannst du dich am besten erholen?
   Wie machst du das?

3. Denk an die Kindergartenzeit zurück. Wie und worin hast du dich seither verändert?

4. Was hat es mit deinem Namen auf sich? Weißt du, warum du ihn bekommen hast? Hattest du schon mal einen Spitznamen? Welchen? Mochtest du ihn? Welchen Namen hättest du gern?

5. Warst du schon mal in Gefahr? Wusstest du das zu der Zeit? Wie bist du aus der Situation rausgekommen?

6. Denk an bestimmte Feste in deiner Kindheit. An welches erinnerst du dich besonders? Warum?

7. Welchen Lehrer magst du am liebsten? Warum?

8. Welches war dein Lieblingstier oder deine Lieblingsbeschäftigung als du ein kleines Kind warst?

9. Was war für dich das Schwierigste, was du jemals getan hast?

10. Was war der stolzeste Augenblick in deinem Leben?

11. Welche Person besitzt dein Vertrauen? Was hat sie dafür getan?

12. Wie verbringst du am liebsten deine Ferien? Warum?

13. Welche Lieblingssongs hast du? Was macht sie für dich so toll?

14. Welches waren die frustrierendsten Erlebnisse für dich am Computer? Welches die tollsten?

6.4 Aktivität: „Ich – Du – Wir alle gemeinsam"

— Material —

Ich – Du – Wir alle gemeinsam

	selbst	Partner	Partner
Mein Geburtsort			
Ein Land, in das ich gern fahren würde			
Mein Lieblingsessen			
Mein Lieblingseis			
Meine bevorzugte Tageszeit			
Meine Lieblingsjahreszeit			
So kann ich mich am besten entspannen			
Das mache ich am liebsten in meiner Freizeit			
Das ist mein Lieblingsbuch			
Mein Lieblingsfach			
Diese Fernsehserie mag ich gern			

6.5 Aktivität „Sich kennenlernen durch gegenseitige Interviews"

Die Grundidee teambildender Maßnahmen ist – wie schon erwähnt – der Aufbau gegenseitigen Vertrauens durch ein intensives gegenseitiges Kennenlernen, indem man sich über Dinge unterhält, die für einen selbst wichtig und von Belang sind, indem man sich persönliche Vorstellungen, Erwartungen, Wünsche und Vorlieben mitteilt
Mit dem abgebildeten Interviewbogen lässt sich dies sehr wirkungsvoll durchführen. Im Dreierteam übernimmt jeder Schüler wechselweise diese Rollen:
- Interviewer,
- Befragter,
- Protokollführer

Man startet, indem ein Partner einen zweiten hinsichtlich der festgelegten drei Fragen interviewt. Das dritte Teammitglied schreibt die Antworten in das vorgesehene Feld. Danach werden die Rollen getauscht.

— Material —

Name	Frage 1 Wann geht es dir so richtig gut?	Frage 2 Was erwartest du von einem Freund/einer Freundin?	Frage 3 Wie muss für dich ein guter Lehrer sein?
Steffi	Wenn ich die Matheaufgaben verstehe		
Benjamin	Wenn ich mich mit meiner Freundin vertrage und wir nicht streiten		
Florian	Wenn endlich Ferien in Sicht sind		

7 Rolle und Aufgaben der Lehrperson beim Kooperativen Lernen

> *Groupwork changes a teacher's role dramatically. No longer are you a direct supervisor of students, responsible for insuring that they do their work exactly as you direct. No longer is it your responsibility to watch for every mistake and correct it on the spot. Instead, authority is delegated to students. They are in charge of insuring that the job gets done, and that classmates get the help they need. They are empowered to make mistakes, to find out what went wrong, and what might be done about it.*
> E. G. Cohen

Damit kooperativer Gruppenunterricht erfolgreich durchgeführt werden kann und Schüler tatsächlich – so wie in der Definition zum Kooperativen Lernen beschrieben – Eigenverantwortung für die Gruppen- und Lernprozesse entwickeln, muss die Lehrperson ihre **traditionelle Rolle verändern und** schließlich **neu definieren**. Inhaltlich beschreibt Hilbert Meyer dies so: „Die Lehrerin ist im Gruppenunterricht nicht so sehr die Wissens- und Kompetenzvermittlerin, sie ist auch nicht in erster Linie der Scheuerpfahl, an dem sich die Schülerinnen zum Zweck ihrer Identitätsbildung reiben können, sondern vorrangig die Moderatorin des gemeinsamen Lernprozesses." Dies kostet, wie alle gruppenunterrichtlich-erfahrenen Lehrer/innen bestätigen, nicht weniger, sondern mehr Kraft, Mühe und vor allem auch Vorbereitungszeit, als dies für die meisten Varianten des Frontalunterrichts der Fall ist. Während des Unterrichts liegt der Schwerpunkt der Arbeit der Lehrerkraft nicht in der Darstellung und Vermittlung eines Sinn- oder Problemzusammenhanges, sondern in der Formulierung von Arbeitsperspektiven, im Beobachten und Interpretieren, im Ermutigen und Stabilisieren der Schülerinnen, im Bereitstellen von Materialien und in der Lenkung der Auswertung.

Die Lehrkraft muss neu lernen:

⇒ zuzuhören, abzuwarten, zu beobachten;

⇒ zu beraten, Hilfen zur Selbsthilfe zu formulieren, Mut zu machen;

⇒ den Lernprozess mindestens so wichtig wie die Lernergebnisse zu nehmen;

⇒ Lernum-, Lernirr- und Holzwege zuzulassen;

⇒ Materialien aufzubereiten, Kontakte herzustellen, Spiel- und Arbeitsformen vorzuleben;

⇒ Arbeitsergebnisse zu bündeln, zu strukturieren.

Die Lehrkraft muss verlernen:

⇒ jedes auftauchende Problem in der Kleingruppe oder im Plenum verbalisieren zu wollen;

⇒ alles möglichst schnell und umfassend in die eigenen Hände nehmen zu wollen;

⇒ den eigenen Wissens- und Kompetenzvorsprung bei jeder sich bietenden Gelegenheit demonstrieren zu wollen;

⇒ Druck und Tempo zur zügigen Fertigstellung von Arbeitsergebnissen zu machen.
(H. Meyer 1987, S. 248 ff.)

Die **weiteren spezifischen Aufgaben der Lehrkraft** im Zuge des praktischen Arbeitens mit dem kooperativen Modell beziehen sich im Wesentlichen auf vier Bereiche:

1. Entscheidungen treffen in Bezug auf die strukturellen Rahmenbedingungen der kooperativen Unterrichtseinheit
2. Planen und Zusammenstellen der Unterrichtseinheit
3. Aufmerksames Beobachten und Unterstützen während der Gruppenarbeitsphase
4. Evaluation der Prozesse und Produkte

7.1 Bereich 1: Die strukturellen Rahmenbedingungen festlegen

Die fachlichen und sozialen Ziele festlegen
Kooperative Lerneinheiten schließen immer die fachlich-inhaltliche Seite als auch das Lernen von Sozialfertigkeiten mit ein. Es wird also im Vorfeld jedes Mal in beiderlei Hinsicht eine Entscheidung gefällt.

1. Welche fachlich-kognitiven Inhalte sollen gelernt werden?
2. Welche Sozialfertigkeiten werden dabei besonders betont und praktiziert?

Die adäquate Gruppengröße festlegen
Die Gruppengröße kann über den Erfolg der weiteren Arbeit entscheiden.

1. Die Partnersituation gewährleistet meist die dichteste Form der Zusammenarbeit, deshalb wird Gruppenarbeit in aller Regel über die Partnerarbeit in Gang gesetzt.
2. Komplexere Aufgaben, die vielfältige Kompetenzen und Unterschiedlichkeit im Denken und Handeln einfordern, können am besten in Teams zu drei oder vier Schülern bewältigt werden.
3. Je größer die Gruppe ist, desto fitter muss die Gruppe in der Art und Weise ihrer Zusammenarbeit sein.
4. Natürlich entscheidet die Aufgabenstellung und auch das zur Verfügung stehende Material über die Gruppengröße.
5. Je kürzer die zur Verfügung stehende Arbeitszeit, desto kleiner muss die Gruppe sein, um vernünftige Ergebnisse zu erzielen.

Die Gruppenzusammensetzung festlegen
Die innere Zusammenstellung der Gruppen ist – insbesondere in der Anfangsphase bei geringem kooperativen Training – entscheidend in Bezug auf das Erreichen der festgelegten Ziele und die Qualität der Arbeit. Folgendes sollte berücksichtigt werden:

1. Für die meisten Arbeitsaufgaben sind heterogene Gruppen günstig. Dabei kann sich die Vielfältigkeit auf die intellektuelle Leistungsfähigkeit, den kulturellen Hintergrund, das Geschlecht, den Lernstil usw. beziehen.

2. Oft empfiehlt es sich, dass die Lehrkraft in sensibler Kenntnis der Fähigkeiten, Stärken und Schwächen ihrer Schülerinnen und Schüler einen „optimalen Gruppen-Mix" zusammen stellt.

3. Über die Dauer der spezifischen Zusammenbindung in einer Gruppe muss sorgfältig entschieden werden und diese Entscheidung kann nur nach sensibler Beobachtung der gruppendynamischen Prozesse, die sich bei der kooperativen Arbeit ergeben, getroffen werden. Als Faustregel sollte gelten: Gruppen so lange zusammen lassen, bis sie ein Erfolgserlebnis haben. Vorzeitiges Auflösen bei Schwierigkeiten in einer Gruppe könnte kontraproduktiv wirken und das Signal vermitteln: Wir können mit Schwierigkeiten und Konflikten nicht umgehen. Hier haben Teams deutlichen Bedarf an Unterstützung in Bezug auf förderliche Konfliktlösestrategien.

Die räumlichen Gegebenheiten arrangieren
Die spezifische Anordnung der Gruppentische sollte vor Beginn der Stunde erfolgen, so dass der Unterrichtsbeginn schnell und ohne großen Lärmpegel durch Tischerücken erfolgen kann (oder aber das schnelle, leise Umräumen ist mit den Kindern eingeübt). Da das räumliche Arrangement mit über die Qualität der Interaktion entscheidet, sollte sorgfältig die Sitzordnung überprüft werden: Können sich alle Teammitglieder problemlos anschauen? Sind sie nicht zu weit voneinander entfernt? Sitzen die Gruppen nicht zu nah zusammen, so dass sie sich gegenseitig stören? Sind kleine Pfade zwischen den Gruppentischen vorhanden, so dass die Lehrkraft problemlos jedes Team erreichen kann?

Das Material vorbereiten und auslegen
Vor Beginn der Unterrichtseinheit sollte das nötige Arbeitsmaterial für die Gruppen vollständig an einem für die Teammitglieder leicht zugänglichen Ort im Klassenraum ausliegen.

7.2 Bereich 2: Planen der Unterrichtseinheit

Positive gegenseitige Abhängigkeit für die Teammitglieder erzeugen
Förderliche Zusammenarbeit in den Gruppen findet eher statt, wenn sich die Gruppenmitglieder verbunden fühlen und das Bewusstsein vorherrscht, dass die Teilarbeit jedes Einzelnen wichtig und unerlässlich ist für das Gelingen der Gesamtaufgabe. Zu diesem Zweck ist es wichtig, ein klares Gruppenziel zu formulieren und die Verantwortlichkeit jedes Teammitgliedes für die Erreichung dieses Zieles einzubinden. Dies kann über die

Vergabe verschiedener spezifischer Rollen geschehen (s. Kapitel 3: Basiselemente Kooperatives Lernens), die – wie schon betont wurde – vom Einzelnen als ansprechend, bewältigbar und bedeutsam erlebt werden müssen, um Erfolg zu sichern.

Den Arbeitsauftrag klären
Gerade wenn von den Gruppenmitgliedern selbstständiges Arbeiten erwartet wird, sollte die Aufgabenstellung so klar, präzise und strukturiert wie möglich erfolgen. Klärende Rückfragen von Seiten der Schüler oder Paraphrasieren der Aufgabe vor Arbeitsbeginn sind sicherlich sinnvolle Absicherungen. Zweckmäßig und hilfreich – insbesondere bei komplexeren Aufgaben – sind Checklisten, auf denen bereits bearbeitete Teilbereiche abgehakt werden können. Das Arbeiten entlang eines Leitfadens in Form von Check-Fragen verleiht Sicherheit und beugt dem unguten „Schwimmen" vor, das leicht zur vorzeitigen Aufgabe führt.

Erfolgskriterien festlegen und transparent machen
Die Gruppenmitglieder sollten genau wissen, was von ihnen erwartet wird, bzw. was sie genau tun müssen, um erfolgreich sein zu können. Qualitäts- oder Gütekriterien und -standards sollten den Gruppenmitgliedern bekannt und für alle nachvollziehbar sein. Folgende Beispiele erläutern den Zusammenhang:

1. Eine Gruppenaufgabe in einer bestimmten Zeit fertig stellen. („Erstellt diese Wandzeitung in 30 Minuten.")
2. Ein bestimmtes Ausmaß an richtigen Antworten liefern. (Eine Bandbreite von 90 bis 100 % korrekter Antworten bedeutet die Note „1".)
3. Eine Minimalanzahl von Begründungen oder Ideen liefern. („Erläutere für diesen Zusammenhang mindestens drei Begründungen.")
4. Ein bestimmtes Sozialziel für einen Zeitraum verbindlich machen. („Achtet darauf, dass ihr den jeweiligen Sprecher ausreden lasst. Führt eine Strichliste.")

Einbringen persönlicher Verantwortlichkeit anbahnen
Das Einbringen persönlicher Verantwortung für die Gruppenlernprozesse wird zum Beispiel dadurch angeregt, dass die Teammitglieder wissen, dass nach der Gruppenarbeit irgendwann eine individuelle Abfrage stattfindet, oder aber nach Zufall irgendein Gruppenmitglied aufgerufen wird, um eine Lösung zu erläutern, ein Arbeitsergebnis zu erklären.

Erwünschtes Sozialverhalten verbindlich machen
Erwünschtes förderliches Sozialverhalten wird von der Lehrperson oder von Schülern und dem Lehrer gemeinsam so genau wie möglich anhand konkreter Positivbeispiele beschrieben: Was kann man von jemandem, der das Sozialziel erfüllt sehen und hören?

7.3 Bereich 3: Beobachten und Unterstützen während der Arbeitsphase

Beobachtung und „Begleitung" während der Arbeitsphase

Während die Teams arbeiten, geht die Lehrkraft durch den Raum, stellt Beobachtungen an und registriert die Art der Zusammenarbeit der Schüler. Die potenzielle Nähe und Spürbarkeit der Lehrperson trägt dazu bei, dass die Schüler verstärkt bei der Sache bleiben und ermöglicht es der Lehrkraft, den Gruppen bei Bedarf Unterstützung zukommen zu lassen.

Intervention während der Gruppenarbeitszeit

Sowohl was das Verständnis der Arbeitsaufgabe und die Ansätze zu deren Bewältigung anbelangt als auch in Bezug auf die Erfüllung des vereinbarten Sozialzieles haben die Gruppen manchmal eine weitere Hilfestellung durch die Lehrkraft nötig. In beiden Fällen jedoch sollte gelten: Durch sensible „Hilfe zur Selbsthilfe" seitens der Lehrkraft sollte die entscheidende Problembewältigung letztendlich doch von den Schülern allein erfolgen.

7.4 Bereich 4: Bewertung des Arbeitsprodukts und der Prozesse

„Draufsicht" und Feedback gewährleisten

Die Gruppen müssen fortlaufend Gelegenheit dazu haben, über die Modalitäten und die Qualität ihrer Lern- und Interaktionsprozesse zu reflektieren. Dem Lehrer kommt in diesem Zusammenhang die Aufgabe zu, hierfür zunächst die Möglichkeit zu schaffen und diese Prozesse in konstruktiver Weise anzuleiten und auszubauen.

1. Bewertung der Arbeitsergebnisse

Hier wird darüber Rechenschaft abgelegt, wie gut, richtig, vollständig, zweckmäßig, aussagekräftig ... die Gruppen ihre Arbeitsaufgabe erledigt haben. Diese Bewertung kann durch die Lehrkraft, die Schüler oder anhand einer gemeinsamen Evaluation von beiden erfolgen.

2. Evaluation der Interaktionsprozesse (der Sozialziele)

Hier wird begutachtet, wie gut die Gruppe zusammen gearbeitet hat, konkret ausgedrückt: in welchem Maß die Gruppenmitglieder die vereinbarten Sozialziele erfüllt haben. Dabei sind immer zwei Aspekte wichtig:

⇒ Berücksichtigen dessen, was positiv war und gut lief,

⇒ Herausarbeiten und Benennen dessen, was man das nächste Mal besser machen will.

7.5 Die Rolle des Lehrers auf einen Blick

Die Rolle des Lehrers auf einen Blick

1. Die Gruppengröße und -zusammensetzung arrangieren (gruppenbildende Maßnahmen durchführen)

2. Den Zusammenhalt der Gruppen festigen, ein Wir-Gefühl erzeugen durch Teambildende Aktivitäten

3. Festlegen und Vereinbaren der fachlichen und sozialen Ziele

Sozialziel: Ich sehe ...

              Ich höre ...

4. Arbeitsaufträge erläutern, soziale Rollen festlegen, Verständnis nachfragen

5. Die Gruppen während der Arbeit beobachten und – wenn nötig – sensibel intervenieren

6. Die Arbeitsergebnisse bewerten (wesentlich leichter, wenn man zu Beginn Kriterien, Indikatoren und Standards für den Erfolg festgelegt hat)

7. Die Interaktionsprozesse und Sozialziele unter die Lupe nehmen

Sozialziel: wie gut wurde es erfüllt?
_____
_____
_____

              wo müssen wir besser weden?
_____
_____
_____

8 Gruppenbildung und gruppenbildende Aktivitäten

Kooperatives Arbeiten meint Lernen in kleinen Gruppen von drei bis vier Mitgliedern. Wie aber sollten diese Gruppen gebildet werden, zusammengestellt sein, damit erfolgreiches Arbeiten gewährleistet wird? Nach welchen Kriterien sollte gruppiert werden? Hier sensibel jeweils die angemessene Entscheidung zu treffen, ist für die Qualität der Gruppenprozesse von hohem Belang.

8.1 Verschiedene Arten von Lerngruppen

1. Informelle oder Zufallsgruppen
Diese Gruppen sind – wie der Name besagt – nach dem Zufallsprinzip gebildet und bleiben meist nur für eine kurze Zeit zusammen. Sie dienen dem schnellen Austausch und gewährleisten, dass im Prinzip jeder mit jedem in Kontakt kommt.

2. Formale Gruppen
Diese Gruppierungen sind in aller Regel nach bestimmten wohlüberlegten Kriterien von der Lehrperson vorgenommen worden. Sie weisen einen hohen Grad an spezifischer Strukturierung auf, meist einen wohldosierten Mix der verschiedenen fachlichen wie sozialen Fähigkeiten und Fertigkeiten, um die Gruppe optimal mit Ressourcen zu versorgen. Die Mitglieder bleiben in einer solchen Gruppierung meist solange zusammen, bis eine Arbeitsperiode, eine mehr oder weniger umfangreiche Aufgabe abgeschlossen ist und finden sich dann wieder in anderen Arbeitsteams zusammen.

3. Basisgruppen
Hier handelt es sich um Gruppierungen, die bewusst auf eine relativ lange Zeitdauer hin ausgelegt und von der inneren Struktur her – so wie die formalen Gruppen – heterogen sind. Der Sinn solcher langwährenden stabilen Gruppen liegt in der Ausbildung von gegenseitigem Vertrauen und positiver Beziehung der Gruppenmitglieder zueinander durch tagtägliches Sich-Kennenlernen und gemeinsames Handeln und der daraus resultierenden sukzessiven Etablierung eines Wir-Gefühls, einer spezifischen Gruppenidentität. Dies alles braucht Zeit, deshalb sollten Basisgruppen mindestens zehn Wochen zusammen sein, bisweilen bleiben solche Gruppen auch ein halbes oder sogar ein ganzes Schuljahr konstant. Roger und David Johnson führen eine Reihe positiver Erhebungsergebnisse in Bezug auf langdauernde Basisgruppen an:
- Langandauernde, stabile, von Vertrauen und Wertschätzung getragene Beziehungen sind für die kindliche Entwicklung ebenso wichtig wie ausreichende Nahrung und gesunder Schlaf. Alle Kinder dieser Welt müssen, um sich positiv entwickeln zu können, davon überzeugt sein, dass es Menschen gibt, die sie mögen, die ein essentielles Interesse an ihnen haben und die ihnen prompte Hilfe und Unterstützung gewähren, wenn sie diese brauchen. Erfolgreiche Basisgruppen können den Rahmen und die Voraussetzung für die geschilderten positiven Entwicklungen schaffen.
- Beziehungen, die in der Schulzeit geknüpft wurden, bestehen oft ein Leben lang. Indem man wohlwollende Unterstützung durch vertraute Gruppenmitglieder (kon-

struktiv-kritische Freunde) bekommt und durch sie zu förderlichem Sozialverhalten angehalten wird, steigt das Vertrauen in die eigene Person und die eigenen Leistungen. Insgesamt ist eine deutlich positivere Arbeitshaltung zu beobachten.
- Dies ist auch der Grund, weshalb erfolgreiche Basisgruppen bestens geeignet sind, Gruppenmitglieder davor zu bewahren, sich aus den Schulgeschehen „auszuklinken", schulmüde und -unlustig zu werden, „aus dem Feld zu gehen" (drop out). Dies passiert immer dann besonders leicht, wenn Schüler den fatalen Eindruck haben: „Ob ich hier bin oder nicht, interessiert doch sowieso niemanden, für wen bin ich hier schon wirklich wichtig?"
- In guten Schulen strengen sich Schüler an und versuchen – gemäß ihrer Fähigkeiten – durch zielstrebiges Arbeiten das Beste zu erreichen und die eigenen Möglichkeiten zu maximieren. Erfolgreiche Basisgruppen können durch die vertrauensvolle Atmosphäre und die permanente gegenseitige Unterstützung, die sie gewährleisten, aber auch durch die deutlichen Ansprüche, die sie an ihre Mitglieder stellen, dazu beitragen, dass jedes Gruppenmitglied besondere Anstrengungsbereitschaft an den Tag legt in dem Bewusstsein: „Ich kann meine Gruppe nicht hängen lassen, die anderen zählen auf mich."

8.2 Aufbau erfolgreicher Basisgruppen

Die Johnsons führen des Weiteren einige wichtige Hinweise für den Aufbau erfolgreicher Basisgruppen auf:
- Basisgruppen können nicht am ersten Tag des Schuljahres gebildet werden. Wenn sie den oben geschilderten Merkmalen genügen sollen, braucht es etwas Zeit, bis die Lehrperson ihre neue Klasse mit den spezifischen Eigenheiten der einzelnen Schülerinnen und Schüler kennengelernt hat.
- Die Teilnehmerzahl in Basisgruppen sollte etwa bei vier bis fünf liegen.
- Das Arbeiten in formalen kooperativen Lerngruppen sollte eingeübt sein und beherrscht werden.
- Nach der Formierung sollten sich die Gruppen systematisch in regelmäßigen Treffen über folgende Dinge austauschen:
  – Den Umgang des Einzelnen mit Arbeitsaufgaben bzw. das individuelle Arbeits- und Lernverhalten unter die Lupe nehmen: Wie können festgestellte Schwächen und Fehler, Stolpersteine und Hindernisse vermieden bzw. überwunden und Stärken ausgebaut werden? Es können z. B. Tipps und Ratschläge ausgetauscht werden, wie man sich am besten auf Tests vorbereitet und wie man in der entscheidenden Situation „cool" bleiben kann. Das allgemeine Ziel eines solchen Austausches ist es schließlich, die Steigerung der Leistungsfähigkeit jedes Einzelnen als fundamentales Anliegen der gesamten Gruppe anzusehen.
  – Den Umgang mit der Übernahme verschiedener sozialer Rollen.
  – Die Art und Weise des persönlichen Umgangs miteinander: Findet ein vertrauensvolles Miteinander in der Gruppe statt, fühlen sich die Mitglieder „aufgehoben", geborgen? Die Wahrscheinlichkeit, eine solch erfolgreiche Basisgruppe zu werden, kann durch die stetige Anwendung einschlägiger teambildender Maßnahmen (s. Kap. 4) entscheidend erhöht werden.

– Solche Basisgruppentreffen sollten mindestens zweimal pro Woche stattfinden, nämlich Montag früh, um nach dem Wochenende den Focus wieder auf die Schule zu richten. Mitunter müssen auch noch bestimmte Begebenheiten des Wochenendes thematisiert werden, um den Kopf wieder frei zu haben. Es wird gemeinsam überlegt, was in dieser Woche vordringlich zu erledigen ist bzw. welche Ziele zu erfüllen sind. Unerlässlich ist ein Treffen Freitag mittag, das ganz im Zeichen der Rückschau, der Rechenschaftslegung und Bewertung der vergangenen Schulwoche steht. 15 bis 20 Minuten sind in aller Regel für solche Treffen ausreichend.

8.3 Die verschiedenen Gruppierungen beim Kooperativen Lernen auf einen Blick

Informelle oder Zufallsgruppen
Ad-hoc-Gruppierungen nach dem Zufallsprinzip, die nur für die Dauer eines Meinungsaustausches, einer Diskussion oder einer sonstigen Aktivität zusammen bleiben. Prinzip: Jeder soll potentiell mit jedem in Kontakt kommen

Formale Gruppen
Lerngruppen, die nach spezifischen Strukturmerkmalen meist von der Lehrperson – in sensibler Kenntnis der Klasse – zusammengestellt werden, um gemeinsam eine umfangreichere Aufgabe oder ein Projekt durchzuführen

Basisgruppen
Über einen langen Zeitraum hinweg „zusammengebundene" stabile Teams, die sich durch intensiven Austausch miteinander sehr nah kennenlernen und über die Zeit ein profundes Wir-Gefühl, eine deutliche Gruppenidentität entwickeln. Die Mitglieder ermutigen sich gegenseitig, geben sich permanent Hilfestellung und Unterstützung, fordern aber auch deutlich vereinbarte Bereiche ein.

Gruppierungen beim Kooperativen Lernen

8.4 Zur Gruppengröße

Die Größe der kooperativen Lerngruppen hängt zum einen von der durchzuführenden Aufgabe bzw. der Art der gemeinsamen Aktivität ab, zum anderen von der Klassenstärke. Mehr als fünf Mitglieder sollte ein Team jedoch nicht haben. Als optimal haben sich Viererteams erwiesen.

Im Folgenden sollen Eigenheiten der verschiedenen Teamgrößen erläutert werden.

Zweierteam:
– Wie schon erwähnt ist diese Gruppierung besonders in der Phase der Implementierung des Kooperativen Lernens angezeigt, wenn Zusammenarbeit und soziale Interaktionsfertigkeiten gelernt und eingeübt werden sollen.
– Die Partnersituation bietet die dichteste Form in Bezug auf Kommunikation und Interaktion. Hier kann im vertrauten, geschützten Rahmen ein ungehinderter Meinungsaustausch stattfinden, können Fragen gestellt und Lösungen gemeinsam entwickelt werden. Hier kann aktives Zuhören und Paraphrasieren optimal geübt werden.

Dreierteam:
– Bei den meisten kooperativen Arbeitsaktivitäten vollzieht sich der methodische Gang über Untergruppierungen als Zweiergruppe (s. „Think-Pair-Share" oder „Three Step Interview" Kapitel 6). Eine Dreierformation hat deshalb den Nachteil, dass ein Gruppenmitglied immer übrig bleibt und warten muss. Dreiergruppen sollten daher nur gebildet werden, wenn die ungerade Situation im Klassenverband es nicht anders zulässt.

Viererteam:
– Erfolgreiches kooperatives Arbeiten ist zu hohen Anteilen auf dem Prinzip der simultanen aktiven Beteiligung möglichst vieler Teilnehmer am Unterrichtsgeschehen begründet. Vierergruppierungen bieten hierfür eine ideale Plattform. Durch die mühelose Untergruppierung in zeitweilige Zweierteams (sechs Kombinationsmöglichkeiten!) liegt der gleichzeitige aktive Beteiligungs- oder Redeanteil der Klasse bei 1/2 (vgl. sequentielle aktive Beteiligungsmöglichkeit beim Frontalunterricht mit 25 Schülern: 1/25).
– Beim Viererteam bleibt bei den zeitweiligen Paar-Gruppierungen niemand übrig.
– Die Vierergruppe bietet somit den idealen erweiterten Rahmen, in dem die im Zweierteam angebahnten Interaktionskompetenzen in komplexerer Art und Weise weitergeführt werden.

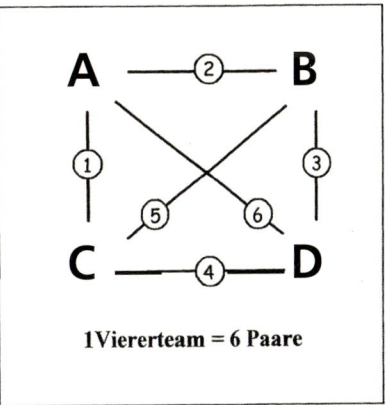

1 Viererteam = 6 Paare

8.5 Zusammensetzung der Gruppen

Wie sollten nun die Teams zusammengesetzt sein, nach welchen Merkmalen sollte gruppiert werden? Weiter vorn hatten wir schon betont, dass gerade in der Einführungsphase des Kooperativen Lernens von den Schülern in freier Wahl Zweiergruppen nach dem Sympathie- oder Freundschaftsprinzip gebildet werden sollten. Dieses Gruppierungsprinzip ist jedoch nicht unbedingt immer angemessen. Als optimal hat sich für das kooperative Arbeiten – dies zeigen verschiedene Erhebungen – die gut gemischte, heterogene Gruppe erwiesen. Heterogenität bezieht sich dabei etwa auf folgende Merkmale:
1. Allgemeine Leistungsfähigkeit (stark, mittel, schwach)
2. Geschlecht
3. Ethnische Herkunft
4. Persönliche/emotionale/soziale Kompetenzen
5. Lernstil

1. Allgemeine Leistungsfähigkeit:
Ein heterogenes Viererteam sollte aus einem leistungsstarken, zwei mittleren und einem schwächeren Schüler bestehen. Auf diese Weise kann eine Fülle von Anregungen, Unterstützung und positiver Vorbild- und Motivationswirkung vom leistungsstarken Gruppenmitglied ausgehen. Zudem ist dieses angehalten, auf die Fähigkeiten der schwächeren Mitglieder in konstruktiver Weise Rücksicht zu nehmen und diese nicht zu dominieren. Es sollte jedoch ebenfalls in wohldosiertem Maß Gelegenheit dazu gegeben werden, dass Schüler sich zeitweilig in Teams zusammenfinden, die ein ähnliches Leistungslevel aufweisen. Hier können dann die Leistungsstärkeren „ungebremst" miteinander arbeiten, während die Schwächeren nicht befürchten müssen, überfordert zu werden.

2. Geschlecht:
Geschlechtergemischte Gruppierungen haben sich als vorteilhaft erwiesen, weil hier häufig die Konkurrenzsituation zwischen den Teilnehmern nicht so ausgeprägt hervortritt und weil sich erfahrungsgemäß eine breitere Palette von geschlechtsrollen-spezifischen Perspektiven und Sichtweisen ergibt.

3. Ethnische Herkunft:
Das Eingebundensein verschiedener ethnischer Gruppen in ein Team, das Bearbeiten gemeinsamer Aufgaben und das tiefe gegenseitige Kennenlernen im Rahmen einer Basisgruppe fördern das gegenseitige Verständnis über ethnische und kulturelle Eigenheiten und Schranken hinweg und sie sind der beste Schutz gegen die Ausbreitung von Fremdenfeindlichkeit und Fremdenhass.

5. Lernstil:
Um die Arbeitsergebnisse eines Teams zu maximieren, sollten Gruppenmitglieder mit unterschiedlichen Lernstilen zusammengefasst werden. Wenn zum Beispiel ein vornehmlich visueller Lerner mit einem eher auditiven gemeinsam arbeitet, wird die Zugangsform zum jeweiligen Arbeitsbereich entscheidend erweitert und zudem können die Schüler in Hinblick auf den bei ihnen jeweils schwächer ausgeprägten Lernstil wertvolle Erfahrungen hinzu gewinnen.

8.6 Tipps und Hinweise für adäquates Gruppieren

Formale Arbeitsteams und Basisgruppen sollten, zumindest bis die wesentlichen Eigenheiten des Kooperativen Lernens verstanden und beherrscht werden und die Schüler die einschlägigen interaktiven Fertigkeiten beherrschen, **von der Lehrkraft gebildet werden.** Überlässt man die Teamwahl allein den Schülern, so wird in aller Regel nach dem Freundschaftsprinzip vorgegangen: Beliebte Schüler wären begehrte Teampartner, unbeliebte – aus welchen Gründen auch immer – blieben bis zuletzt übrig, ein Tatbestand, der sich in aller Regel verheerend auf die **Selbstwertentwicklung** von Kindern und Jugendlichen auswirkt.

„Wie Selbstwertgefühl entsteht?
Es entsteht durch Freunde, durch Klassenkameraden,
dadurch, dass man gemocht, akzeptiert und geschätzt wird."
nach Roger Johnson

Unterschiedlichkeit in Bezug auf Persönlichkeitsmerkmale, Fähigkeiten und Fertigkeiten belebt ein Team.
Ein wichtiges Anliegen des Kooperativen Lernens ist die Stärkung und der Ausbau von **Team- und Gemeinschaftsfähigkeit.** Das bedeutet, dass prinzipiell jeder mit jedem in einer Klasse zeitweilig in einer Gruppe oder einem Team gemeinsam arbeiten können muss. Hier gilt: Man muss nicht unbedingt miteinander eng befreundet sein, aber **man muss in der Lage dazu sein, mit jedem Klassenkameraden eine von Respekt getragene Arbeitsbeziehung einzugehen.** In der kooperativen Klasse gibt es keine Schüler, mit denen kaum jemand das gesamte Schuljahr über spricht und die ständig ausgegrenzt werden! Das stetige In-Kontakt-Kommen möglichst aller Klassenmitglieder kann ohne Mühe durch die Bildung kurzzeitiger Zufallsgruppen geschehen.
Das **Wesen von Basisgruppen ist** – wie erläutert wurde – **die Entwicklung einer umfassenden, weitreichenden Gruppenidentität**, eines intensiven Wir-Gefühls. Solche über die Zeit sehr eng zusammen geschweißten Teams können neben den erwähnten Vorteilen in Hinblick auf tiefgreifende gegenseitige Unterstützung den Nachteil haben, in ihre eingeschworene Gemeinschaft niemanden mehr hinein zu lassen und andere aktiv auszugrenzen. Dies kann bis zu Rivalitäten und Feindschaften zwischen Teams führen. Um dieser problematischen Entwicklung entgegenzuwirken, sieht das Kooperative Lernen immer wieder Aktivitäten vor, die man – nach dem Zufallsprinzip gruppiert – bewusst in einer anderen Mitgliederformation durchführt.
Bevor Schüler – in welcher Form auch immer – in Gruppen zusammen kommen, um miteinander zu arbeiten, **sollte offen thematisiert** worden sein:
– **Warum sie überhaupt in Teams arbeiten sollen,**
– welche Vorteile die Zusammenarbeit mit anderen bietet,
– wie lange sie in einem bestimmten Team arbeiten sollen,
– welche Rolle die verschiedenen Arten von Teams spielen,

- warum es nicht immer vorteilhaft ist, mit dem besten Freund/der besten Freundin im selben Team zu arbeiten,
- warum schließlich bestimmte Gruppierungen von der Lehrkraft festgelegt werden müssen

Auf folgenden äußeren Rahmen sollte man achten:
- Die Teampartner sollten nah beieinander sitzen,
- Teampartner in Zweiergruppen sollten sich nicht gegenüber sitzen, sondern besser nebeneinander, weil sie oft ein Arbeitsblatt oder ein Buch gemeinsam benutzen müssen,
- die Sitzordnung sollte so beschaffen sein, dass niemand mit dem Rücken zum Lehrer sitzt,
- die Mitglieder in Vierergruppen sollten so zusammen sitzen, dass sie sich problemlos anschauen und miteinander kommunizieren können (eye to eye, knee to knee),
- schließlich sollte jede Gruppe ohne Schwierigkeit für den Lehrer zugänglich sein.

8.7 Gruppenbildende Aktivitäten

Zufallsgruppierungen kommt ein hoher Stellenwert im Kontext des Kooperativen Lernens zu. Sie sorgen – wie oben erläutert wurde – dafür, dass das wichtige Prinzip: „Jeder soll mit jedem in Kontakt kommen" zum Tragen kommt. Die in Kapitel 4 beschriebenen teambildenden Maßnahmen leben von Begegnungen in Zufallsgruppierungen. Wie aber kommt man zu solchen Zufallsgruppen? Im Folgenden werden etliche Aktivitäten beschrieben, die erfahrungsgemäß den Kindern (und oft auch erwachsenen Teilnehmern in Fortbildungsgruppen) viel Spaß machen.

8.7.1 Aktivität: „Line up"

Gruppierungsaktivität: „Line up"

Aufgabe:

Stellt euch bitte in einer Reihe auf nach Ihrem Geburtsdatum:

01. Januar ⟶ 31. Dezember

Bedingungen:
So schnell wie möglich und ohne ein Wort zu sprechen!!!

8.7.2 Aktivität: Eckenplausch

Eckenplausch (Corners)

In die Ecken des Klassenzimmers werden Bilder, Symbole oder Visualisierungen geheftet.

Die Teilnehmer werden gebeten, sich anhand einer Leitfrage einem Symbol zuzuordnen, z. B. „Welches Symbol beschreibt am besten deine Rolle bei der heutigen Gruppenarbeit?"

Die Teilnehmer finden sich – je nach Wahl – in den verschiedenen Ecken zusammen und haben die Aufgabe, einander mitzuteilen, wie ihre Wahl zustande kam.

8.7.3 Aktivität: „Börsensturz"

Börsensturz

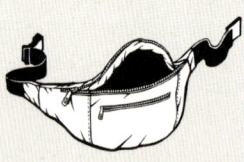 

Die Teilnehmer finden sich über ein Line up in Vierergruppen zusammen.

Sie haben die Aufgabe, aus ihrer Geldbörse, ihrem Mäppchen oder Ranzen drei Dinge heraus zu suchen, die ihnen wichtig sind und etwas über sie aussagen.

In der Gruppe erläutern sie sich gegenseitig die Hintergründe.

8.7.4 Aktivität: „Allein … zwei … vier"

Allein … zwei … vier

- Die Teilnehmer gehen durch den Raum, während ein Musikstück abgespielt wird.

- Wenn die Musik stoppt, bleiben die Teilnehmer stehen und tun sich mit dem Partner zusammen, der ihnen am nächsten steht.

- Als Paar gehen sie nun weiter nach Musik durch den Raum.

- Bei Musikstopp bilden sie mit den zunächst stehenden Partnern eine Vierergruppe.

- Zu einer bestimmten Thematik tauscht sich die Gruppe aus.

8.7.5 Aktivität: „Bube? ... Dame? ... König?"

Bube? ... Dame? ... König?

- Die Teilnehmer ziehen per Zufall Karten aus einem Kartenspiel

- Eine Ad-hoc-Gruppe von vier Teilnehmern ergibt sich über die gleiche Spielfarbe.

8.7.6 Aktivität: „Puzzle-Quiz"

Puzzle-Quiz

- Passend zur Zahl der Teilnehmer werden Bilder in Puzzleteile zerschnitten.

- Die Teilnehmer gehen umher und müssen diejenigen finden, die die zu ihnen passenden Teile besitzen.

- Ein vollständiges Bild bedeutet: eine Ad hoc-Gruppe, die sich über eine bestimmte Sache austauscht.

V Planung und Durchführung einer kooperativen Lerneinheit

1 Strukturschema einer kooperativen Unterrichtsstunde

Der Ablauf einer kooperativen Lerneinheit stellt sich von der Struktur her folgendermaßen dar:

Teambildende Aktivitäten
– Sprechanlässe bieten –
(„Börsensturz", „Eckenplausch", „Ich über mich" …)

Gruppenfindung
Gruppenart und -größe themenadäquat auswählen
Tische bedarfsspezifisch anordnen
(Face-to-Face-Interaction)

Besprechen und Festlegen des sozialen Zieles
(social skill)

Aufgabenstellung
– Hinführung/Klärung des Unterrichtsthemas –
(inklusive fachliche Ziele)
– Materialbeschaffung –
– Zuordnung und Klärung der Rollen –

Gruppenarbeit

Präsentation der Ergebnisse

Schlussbewertung/Reflexion
– Arbeitsprozesse und -produkte –

Ablauf einer kooperativen Lerneinheit

2 Kooperative Unterrichtseinheit „Was kann man dazu tun, dass Gespräche förderlich verlaufen?"

Das geschilderte Strukturschema soll im Folgenden anhand eines Stundenbeispiels für ein 9. Schuljahr erläutert werden.

Allgemeine Vorbemerkungen

– Die Unterrichtsstunde wurde im Juni 1998 in der Klasse 9b der Schule zur Erziehungshilfe Schnaittach anlässlich eines Pädagogischen Tages zum Thema Kooperatives Lernen gehalten. An diesem Tag teilten sich die Kollegen auf vier Klassen auf, um dort bei kooperativem Gruppenunterricht zu hospitieren. Außer den Lehrpersonen nahm auch die Schulaufsicht sowie der Heim- und Tagesstättenbereich an dieser Veranstaltung teil.

– Die Klasse 9b bestand seinerzeit aus 13 Schülerinnen und Schülern, die im zweiten Jahr kooperativ arbeitete und insgesamt abgesehen von einigen Fluktuationen seit drei Jahren zusammen war. Durch unzählige intensive Gespräche und Erlebnisse in der kooperativen Situation war die Klasse untereinander und mit ihrer Lehrerin sehr stark zusammen
gewachsen und das allgemeine Klima stellte sich als ausgesprochen gut dar. Die Schüler freuten sich jedes Mal auf die Gruppenarbeit und hatten im Laufe der Zeit in vielen einschlägigen Bereichen beachtliche fachliche wie vor allen Dingen soziale Kompetenz erworben (Manche unserer Besucher, die im Laufe der Zeit recht zahlreich zu Hospitationsbesuchen kamen, wunderten sich oft: „Das sollen wirklich erziehungsschwierige Jugendliche sein?").

– In der Klasse unterrichtete neben der Klassenlehrerin noch eine Referendarin im ersten Ausbildungsjahr und zwei Fachlehrer.

– Das Unterrichtsthema war fächerübergreifend und schloss im Einzelnen die Bereiche Deutsch, Erziehungskunde und Sozialkunde mit ein.

– Das Schwerpunktthema „Familie" und die Bereiche „Wie kann Partnerschaft gelingen?" und „Verantwortete Elternschaft" waren dem aktuellen Thema vorausgegangen.

– Zum damaligen Zeitpunkt sah die bayerische Stundentafel noch das Fach Erziehungskunde vor, was im Zuge der Einführung des neuen Hauptschullehrplans leider abgeschafft wurde – angesichts der geschilderten mannigfachen Verunsicherungen und Irritationen im Zuge eines beschleunigten sozialen Wandels einhergehend mit erheblicher Erziehungsunsicherheit völlig unverständlich!

– Die Klasse hatte geplant, die Hospitationsgäste bewusst aktiv mit einzubeziehen.

– Die Schülerinnen und Schüler standen kurz vor den Prüfungen zum Qualifizierenden Hauptschulabschluss und insgesamt kurz vor dem Ende ihrer Schulzeit.

Stundenablauf

Begrüßung der Gäste und Einstimmung:
- Wir haben heute wieder einmal Gäste bei uns. Wir begrüßen gemeinsam ...
- Heute ist ja ein besonderer Tag. Ich finde es ganz toll, dass ihr bereit wart, heute in die Schule zu kommen, wo die meisten anderen ausschlafen können.
- Jetzt wollen wir aber loslegen und in den nächsten zwei Stunden kräftig miteinander arbeiten und – wie ich hoffe – auch Spaß miteinander haben.
- Es wird heute um einen Bereich gehen, der Deutsch, Erziehungs- und Sozialkunde einschließt, Näheres erläutere ich euch später noch.
- Lasst uns jedoch zuerst – wie wir das oft tun – unser „Quali-Lied" singen.

Unser Quali-Lied

1. In der Schule lernen wir.
Den Quali schaffen wir hier.
Wir lernen alle sehr hart für den Start.
Bald ist es soweit, nah rückt die Quali-Zeit,
doch Frau Weidner hilft uns, sie hilft uns dabei.

Refr.: Also, packen wir's gemeinsam an. Die Zeit ist schnell vertan.
Faulheit und Trägheit ade! Lasst mich allein!
Lasst mich allein, oh, lasst mich allein!
Ich will jetzt was schaffen, oh, lasst mich allein!

2. Panik gibt's hier nicht,
weil man offen miteinander spricht.
In Gruppen lernen wir locker, und es macht Spaß.
Bald ist es soweit, nah rückt die Quali-Zeit,
doch Frau Parzefall hilft uns, sie hilft uns dabei.

Refr.: Also, packen wir's gemeinsam an. Die Zeit ist schnell vertan.
Faulheit und Trägheit ade! Lasst mich allein!
Lasst mich allein, oh, lasst mich allein!
Ich will jetzt was schaffen, oh, lasst mich allein!

3. Und nun ist es wieder soweit
Wir zeigen Euch Gruppenarbeit!
Wir hoffen, wir machen es gut und laden Euch ein.
Jetzt ist es soweit, lasst uns nutzen nun die Zeit!
Wir wolln jetzt was schaffen, seid Ihr mit dabei?

Anmerkungen zum „Quali-Lied":

- Der Text wurde von einer Gruppe im Rahmen teambildender Aktivitäten verfasst und der Gesamtklasse vorgestellt. Die nahm ihn begeistert auf und das Ganze wurde zum Klassenlied 9b erkoren.
- Gesungen wird nach der Melodie „Sloop John B" von den Beach Boys.

Teambildende Aktivitäten

- In den letzten Stunden ging es um den großen Bereich Familie, darum, wie partnerschaftliches Leben gelingen kann.
- Das heutige Thema hängt ganz eng mit diesen Bereichen zusammen. Ohne das, was wir heute besprechen, würde zum Beispiel Partnerschaft niemals gelingen, würden wir enorme Schwierigkeiten in der Familie haben.
- Jeder Mensch wendet es täglich 1000-fach an. Er kann damit verletzen, beschämen, beglücken, traurig machen, zum Lachen bringen, Wut erzeugen usw.

⇒ Miteinander sprechen, Gespräche führen

- Unsere heutige Einstiegs- oder Aufwärmübung bezieht sich auf diese Thematik, wir wollen dazu auch unsere Gäste einladen
    - Line-up nach Hausnummern, die ersten und letzten beiden bilden jeweils eine Vierergruppe.
    - Austausch über folgendes Papier, das zuvor individuell stichwortmäßig ausgefüllt wurde

1. Heute geht es mir _____, weil …	2. Eine Person, mit der ich gerne rede …
Name	
3. Ein Gespräch, das mir gefallen hat …	4. Das nervt mich bei Gesprächen …

Nachfragen zur teambildenden Übung:

– Silke, was hat dir ein Partner in deiner Gruppe erzählt in Bezug auf das, was ihn manchmal bei Gesprächen nervt? ...

– Frau ..., was hat Ihnen jemand erzählt, warum ihm ein Gespräch gefallen hat? ...

Überleitung zum Stundenthema
Wir halten fest, Gespräche können vernünftig, angenehm ablaufen, so dass wir uns wohlfühlen. Gespräche können aber auch regelrecht schrecklich verlaufen, so dass wir lauter negative Gefühle haben.
Wir wollen deshalb heute Antworten auf die Frage suchen:

> Was kann man dazu tun, dass Gespräche förderlich und positiv verlaufen?

Erarbeitung
Ein ganz besonderes Gespräch möchte ich euch nun präsentieren: Vorlesen des Stückes „Ein Ehepaar erzählt einen Witz" von Kurt Tucholsky.

⇒ Unterhalte dich für drei Minuten mit zwei unterschiedlichen Partnern über deine Eindrücke

⇒ Äußerungen im Plenum (Fixierung an der Tafel nach folgendem Muster)

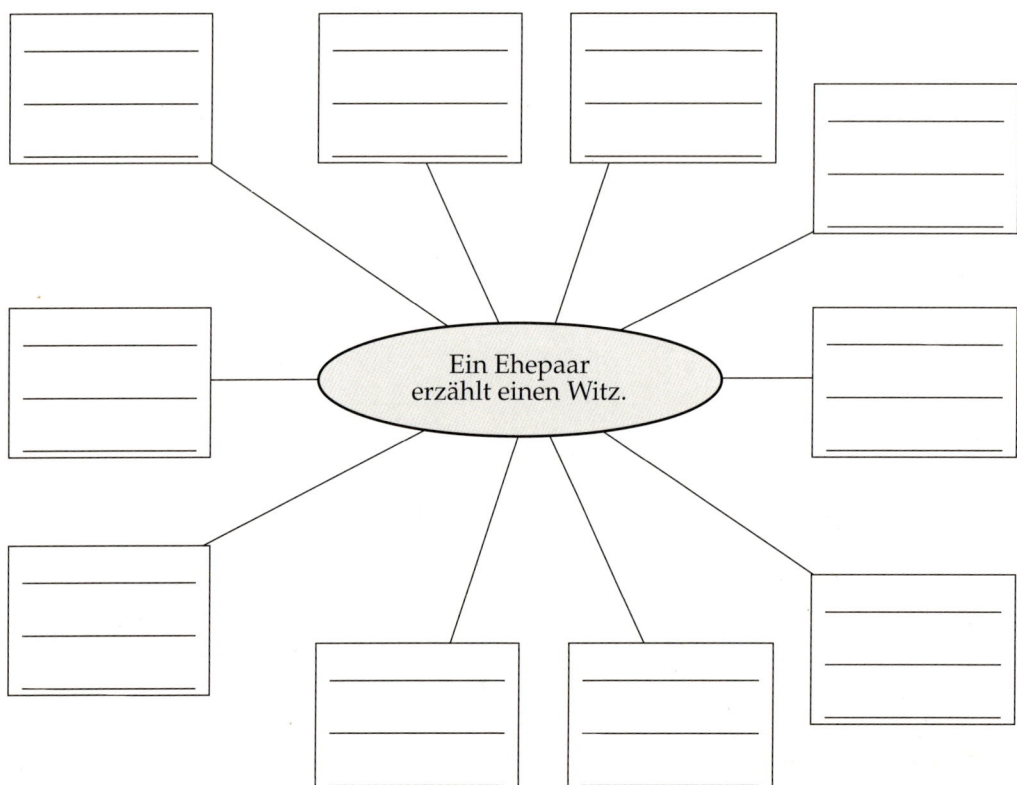

Festlegen der Sozialziele

Bevor wir jetzt gleich in die weitere Arbeit einsteigen, wollen wir die sozialen Ziele für den heutigen Tag festlegen. Wir wollen heute besonders auf Folgendes achten:

1. **Ideen und Meinungen in die Gruppenarbeit einbringen**

2. **Uns gegenseitig ermuntern, so dass jeder sich in die Gruppenarbeit einbringt**

3. **Den jeweiligen Sprecher anschauen und ihn nicht unterbrechen, solange er spricht**

Anheften der Ziele im TeamPinBoard

Anmerkung zum Umgang mit den Sozialzielen:
Die Klasse war zum damaligen Zeitpunkt schon auf einem recht hohen Level in Bezug auf Sozialfertigkeit. Alle obigen Sozialziele waren in ihrer Inhaltlichkeit schon gemeinsam erarbeitet und in der Sozialzielemappe abgeheftet. Um die konkreten Verhaltensweisen jedoch noch einmal vor Augen zu führen, sammelten wir gemeinsam Indikatoren mithilfe eines T-Diagramms an der Tafel:

Ermuntern, dass sich jeder einbringt	
tue	sage
– Mach ein freundliches, offenes Gesicht.	– Meine Meinung zu … ist …, Andrea, was denkst du darüber?
	– Florian, du schaust so skeptisch, was meinst du dazu?
– Schau denjenigen an, mit dem du sprichst.	– Petra, du warst in den letzten Minuten so still. Bist du mit etwas nicht einverstanden? Wie ist deine Meinung zu …?
– Wende dich ihm voll zu.	
– …	– …

Aufgabenstellung

Wir wollen jetzt in Gruppen in ganz verschiedener Weise über das eben gehörte Gespräch nachdenken. Hierbei helfen die Arbeitsblätter auf den folgenden Seiten.

Gruppe I
soll dieses Gespräch als eine **Fallstudie** betrachten und herausarbeiten:
- was die Eheleute in dieser Gesprächssequenz falsch machen,
- welche Art von Beziehung die beiden Partner zueinander haben,
- durch Hineinversetzen und Einfühlen in die Personen soll überlegt werden, warum die Partner so miteinander umgehen
- folgendes Arbeitsblatt dient als Grundlage:

— Material —

Aufgabenblatt für Gruppe 1

Was machen die Eheleute Deiner Meinung nach falsch?

_____
_____
_____
_____

Schreibe auf, welche Gesprächsregeln sie verletzen.

_____
_____
_____
_____

Welche Hinweise liefert Dir der Text dafür, wie Ehefrau und Ehemann zueinander stehen?

_____
_____
_____

Schildere den weiteren Verlauf des Abends, nachdem der Gast weggegangen ist.

_____
_____
_____

Gruppe II
soll ein **Beratungsgespräch** vorbereiten und durchführen

Das Ehepaar ist noch lange wütend aufeinander. Sie sprechen zwei Tage nicht miteinander. Am dritten Tag versuchen sie, miteinander zu reden, aber sie geraten schnell wieder in schreckliche Auseinandersetzungen, fallen sich gegenseitig ins Wort, hören einander nicht richtig zu und schreien sich schließlich wieder an.

Der Ehemann sagt schließlich: „So kann es nicht weiter gehen. Ich denke, wir sollten uns trennen. Wir können einfach nicht miteinander reden. Du verstehst mich einfach nicht!"

Die Ehefrau liegt in der Nacht wach. Sie ist immer noch fix und fertig. Sie denkt lange nach … Am nächsten Morgen macht sie den Vorschlag: „Wir sollten uns noch eine Chance geben. Lass uns zu dem Eheberater gehen, wo Sonja und Klaus auch waren. Die kommen jetzt wesentlich besser miteinander aus."

Der Ehemann denkt eine Zeitlang über den Vorschlag nach, schließlich ist er einverstanden.

* (Anmerkung: Den Eheberater spielte in dieser Unterrichtseinheit ein Familientherapeut aus unserem Jugendhilfezentrum. Das Prinzip „Experten in den Unterricht hinein holen" verwirklichten wir so oft es ging.)

Gruppe III
soll eine **Wandzeitung** erstellen zum Thema: „Förderliches Gesprächsverhalten"

Als Grundlage dienen eine Reihe von Texten, Broschüren und Erziehungskundebücher.

Gruppe IV
soll in einem **Rollenspiel** eine Familie vorstellen, die ein gutes, vernünftiges, förderliches Gesprächsverhalten an den Tag legt.

Für die **Durchführung dieser Gruppenaufgaben** wurde den einzelnen Teams ein Zeitraum von **maximal 25 Minuten** gegeben. Während dieser Zeit arbeiteten die Gruppen in verschiedenen Räumen und wurden abwechselnd von den Hospitationsgästen besucht. Eine hospitierende Lehrerin fand soviel Gefallen an der Arbeit, dass sie aktiv in der Rollenspielgruppe teilnahm.

Um das Gruppengeschehen gezielter wahrnehmen zu können, bekamen die Besucher folgende Beobachtungs-Leitfragen an die Hand.

---Material---

Beobachtungsaufgaben

- Anfangsverhalten der Gruppe:

- Wird relativ zügig oder schleppend angefangen?

- Kann die Gruppe mit der Aufgabe „etwas anfangen"?

- Gibt es einen „Motor", der zur Arbeit, zum Weitermachen motiviert? Ermuntert man sich gegenseitig im Sinne der Indikatoren des Sozialziels 2?

- Gibt es jemanden, der dominiert?

- Leisten alle Gruppenmitglieder Beiträge im Sinne des vereinbarten Sozialziels Nr.1?

- Wie ist die Kommunikation? Wird Sozialziel Nr. 3 beherzigt?

- Gibt es Streit oder Unstimmigkeiten in der Gruppe?

- Welcher Umgangston herrscht in der Gruppe? Ist man freundlich miteinander oder macht man sich runter?

- Arbeitet die Gruppe mehr selbstständig oder braucht sie Hilfen?

Gruppenfindung

Zur Gruppengröße
Die 13 Schülerinnen und Schüler führten die geschilderten Aufgaben in zwei Vierergruppen (Gr. I und IV), einer Dreiergruppe (Gr. III) und einem Partnerverband (Gr. II) durch.

Zur Gruppenzusammensetzung
Die Zuweisung der einzelnen Schülerinnen und Schüler zu den entsprechenden Gruppen wurde von der Lehrkraft vorgenommen. Entscheidendes Gruppierungskriterium waren die Stärken bzw. die spezifische Kompetenz, die die Schüler für die geforderte Aufgabenstel-

PLANUNG UND DURCHFÜHRUNG EINER KOOPERATIVEN LERNEINHEIT

Diskussion in der Dreiergruppe

lung mitbrachten oder im Laufe der Zeit entwickelt hatten. So wurden die ausdrucksstarken „Schauspieler" der Rollenspielgruppe zugeordnet, während einer unserer ruhigeren „Analysten" eine wichtige Aufgabe in der Wandzeitungsgruppe übernahm. Zwei schwächere Schüler, die bisweilen gern „aus dem Feld gingen", wurden Gruppen mit resoluteren, zielstrebigen Mädchen zugeordnet.

Präsentation der Arbeitsergebnisse
Die Gruppen stellten nacheinander im Plenum ihre Ergebnisse und Arbeitsprodukte dar. Die Präsentationszeit lag zwischen fünf und zehn Minuten. Zu Rückfragen während oder nach der Präsentation wurde ermuntert, ebenso zum Notizen machen während der jeweiligen Kurzvorträge.

Bewertung der Sozialziele
Mit dem folgenden Bewertungsbogen, der die Perspektive der Gruppe als auch die Spiegelung durch die Lehrperson vorsieht, wurden die vereinbarten Sozialziele bewertet.

Material

Vergleich der Schüler- und der Lehrer-Bewertung

Teamname: _____ Datum: _____
Name Beobachter (Lehrer): _____

Ziele des Tages:
1. Ideen und Meinungen einbringen
2. Sich gegenseitig ermuntern
3. Sprecher anschauen, nicht unterbrechen

	Unsere Bewertung	**Lehrerbewertung**
Wir haben Ziel 1 erfüllt	_____ sehr gut _____ gut _____ nicht so gut _____ fast gar nicht	_____ sehr gut _____ gut _____ nicht so gut _____ fast gar nicht
Wir haben Ziel 2 erfüllt	_____ sehr gut _____ gut _____ nicht so gut _____ fast gar nicht	_____ sehr gut _____ gut _____ nicht so gut _____ fast gar nicht
Wir haben Ziel 3 erfüllt	_____ sehr gut _____ gut _____ nicht so gut _____ fast gar nicht	_____ sehr gut _____ gut _____ nicht so gut _____ fast gar nicht

Was sollten wir das nächste Mal anders/besser machen?
_____
_____
_____

Unterschriften: _____   _____
                _____   _____

3 Planungsbogen einer kooperativen Lerneinheit

Planung einer kooperativen Lerneinheit

LerneinheitFach/Fachbereich: _____

Klassenstufe: _____

Stundenthema: _____
_____
_____

Stundenziele:

fachlich: _____
_____

sozial: _____
_____

Materialien: _____
_____

Organisatorische Bedingungen:

Gruppengröße: _____

Gruppenzusammensetzung: _____
_____

Tischanordnung: _____

Gruppenaufgaben: _____
_____
_____

Positive gegenseitige Abhängigkeit: _____

_____

_____

_____

Persönliche Verantwortlichkeit: _____

_____

_____

Erfolgskriterien: _____

_____

_____

_____

Bewertung der fachlichen Ziele: _____

_____

Bewertung der Sozialziele:

Selbstevaluation: _____

_____

Gruppenevaluation: _____

_____

Lehrerbewertung: _____

_____

_____

4 Bögen zur Stundenreflexion

Nachlese/Stundenreflexion

Stundenthema:_____

Klasse: _____   Datum: _____

1. Beobachtete Erfolge
   – Was lief gut?
   – Was hat mir gefallen?/mich beeindruckt?
   – Worin konkret hat sich der Erfolg der Schüler/der Stunde gezeigt?

2. Wahrgenommene Probleme
   – Welche konkreten Schwierigkeiten tauchten auf?
   – Ursachen?
   – Was war frustrierend/enttäuschend?

3. Mögliche Veränderungen
   – Welche Änderungen würde ich vornehmen, wenn ich diese Stunde noch einmal hielte?
   – Wie könnte ich schon im Vorfeld den beobachteten Problemen begegnen?
   – Wo kann ich mir Anregungen/Hilfen holen?

4. Allgemeine Beobachtungen
   – Was war für mich überraschend/unerwartet?
   – Was hat mich irritiert?
   – Was hat mich ärgerlich/sauer gemacht?
   – Welche Fragen/Zweifel kamen mir während der Stunde?

VI Methoden des Kooperativen Lernens

Erfolgreiches Arbeiten mit kooperativen Kleingruppen ist an die Kenntnis und die souveräne Handhabung eines breiten Repertoires spezifischer kooperativer Methoden gekoppelt. Ein zentrales Anliegen kooperativen Arbeitens ist es ja – das wurde schon häufig betont – die deutlich passive Struktur, wie sie beispielsweise im traditionellen Frage-Antwort-Unterricht gegeben ist, zugunsten verstärkter aktiver Einbindung der Schüler aufzulösen. Spencer Kagan erläutert dies im folgenden Beispiel.

Im **lehrerzentrierten Frage-Antwort Arrangement** wird eine Wettbewerbssituation erzeugt und es arbeitet im Grunde jeder gegen jeden: Gibt ein Schüler oder eine Schülerin die richtige Antwort, verlieren alle anderen die Chance, ihr Wissen unter Beweis zu stellen und evtl. gelobt zu werden. Die falsche Antwort eines Schülers dagegen erhöht die Chance für die anderen, sich einbringen zu können. So ist letztendlich der Erfolg des einen auf den Misserfolg eines anderen begründet, ein Muster, das, wenn es ständig oder vorwiegend angewendet wird, den Aufbau förderlicher sozialer und kommunikativer Prozesse zwischen den Schülern erheblich behindert. Im Kontrast zur geschilderten Wettbewerbssituation steht die Methode **Numbered Heads Together** (Beschreibung der charakteristischen vier Schritte s. folgende Seite). Hier setzen sich Teams mit einer Frage auseinander, es herrscht eine **positive gegenseitige Abhängigkeit:** Wenn ein Gruppenmitglied die Antwort weiß, teilt er sie den anderen mit, gemeinsam wird sie weiterentwickelt und in der Gruppe abgeglichen. Das Einbringen **persönlicher Verantwortlichkeit** zeigt sich darin: Die Schüler wissen, dass jeder per Zufall aufgerufen werden kann, um den bearbeiteten Sachverhalt zu erklären. Sie wissen, dass die Gruppe die Aufgabe hat, sich zu vergewissern und sicherzustellen, dass jedes Mitglied die Zusammenhänge verstanden hat und sie wiedergeben kann.

Alle auf den folgenden Seiten erläuterten kooperativen Methoden haben gemeinsam, dass sie sozial-interaktive Aspekte des gemeinsamen Lernens besonders betonen. Des Weiteren sind sie durch folgende Merkmale gekennzeichnet:
– Die aufgezeigten methodischen Wege sind nicht an unterrichtliche oder fachliche Inhalte geknüpft. Sie lassen sich in jedem Unterrichtsfach in vielfältiger Art und Weise anwenden.
– Alle Methoden sind auf den verschiedenen Klassenstufen anwendbar. Das Bearbeiten einer Placemat kann schon im 1. Schuljahr vorgenommen werden, wenn die Schülerinnen und Schüler in ihren Feldern Symbole zeichnen anstatt Stichwörter oder Sätze zu schreiben.
– Die Methoden lassen sich ebenso als Elemente in anderen unterrichtlichen Sozialformen nutzen.
– Die simultane aktive Einbindung aller Schüler in den Lernprozess ist möglich.
– Arbeitserfolg und Bestätigung sind somit für alle möglich.
– Eine wettbewerbsfreie Lernatmosphäre wird geschaffen, das Wissen jedes Einzelnen ist willkommen, wird geschätzt und bewusst als Ressource eingebracht, um optimale Gesamtergebnisse zu erlangen.
– Eine ganze Reihe der kooperativen Methoden ist mit Bewegung und Arbeitsplatzwechsel verbunden. Dies lockert den Unterricht auf und wird von den meisten Schülern ausdrücklich begrüßt.

1 Eins, zwei, drei, vier ... wer drankommt, sagt der Zufall dir

Diese kooperative Methode (Numbered Heads Together, Spencer Kagan, 1990) ist bestens dazu geeignet, das Basiselement „Einbringen persönlicher Verantwortlichkeit" zum Tragen kommen zu lassen und zwar auf folgende Art und Weise:
- Die Schüler geben sich Nummern, z. B. von eins bis vier
- Die Lehrerin stellt eine Frage oder gibt eine Aufgabe
- Die Gruppenmitglieder tauschen sich gemeinsam über die Aufgabe aus und erarbeiten Lösungen
- Die Lehrerin ruft per Zufall eine Nummer zwischen eins und vier auf

Das Gruppenmitglied mit dieser Nummer gibt die Antwort bzw. führt die Lösung aus.

2 Erst Denken allein – dann Abgleich zu zwein

Bei der Methode **Think-Pair-Share** (Kagan, 1990) kooperativen Lernens wird eine Frage, ein Problem oder eine Aufgabe gegeben, über die die Schüler zunächst eine kurze Zeitlang nachdenken und zu einer individuellen Lösung kommen. Sodann tun sich Partner zusammen, um über die gestellte Frage gemeinsam nachzudenken und ihre Ergebnisse zu diskutieren.

Think-Pair-Share ist ein einfaches kooperatives Element, das schnell umgesetzt und in nahezu jede Unterrichtssituation eingefügt werden kann. Es eignet sich besonderes dafür, alle Schüler während des Unterrichts aktiv einzubinden und hat den Vorteil, dass unsichere Schüler ihre Antwort nicht sofort vor der ganzen Klasse äußern müssen, sondern im Schutz der Kleingruppe zunächst einmal „ins Unreine" denken und sprechen können.

Formulate-Share-Listen-Create (Johnson, Johnson, & Bartlett, 1990) ist eine ähnliche Methode. Schüler formulieren zunächst individuell für sich ihre Lösung, dann erklären sie sich diese gegenseitig in der Gruppe und erarbeiten zusammen eine gemeinsame Lösung. Hierdurch werden die Schüler angeregt, ihr Denken zu erweitern.

Diese fokussierten, kurzen und zielgerichteten Gespräche erleichtern den Schülern die Bildung von Beziehungen, die für das kooperative Lernen so wichtig sind. Je öfter die Schüler Gelegenheit hatten, mit diesen informellen Methoden im Team immer komplexere Aufgaben zu lösen, desto besser gelingt das kooperative Arbeiten generell.

Die Methoden auf einen Blick

- Formuliere ... eine Antwort für Dich selbst
- Teile ... deine Antwort mit dem Partner
- Höre ... sorgfältig Deinem Partner zu
- Erarbeite ... durch Diskussion eine gemeinsame Antwort

3 Beginne ... und wechsle die Rolle

Beginne ... und wechsle die Rolle (**Say and Switch**) ist eine kooperative Methode, bei der Schüler zu vorgegebenen und oft nicht vorhersehbaren Zeitpunkten in einer Diskussion die Rollen wechseln, um eine Frage zu beantworten oder zu diskutieren. Der erste Schüler beginnt mit der Diskussion oder Beantwortung, während der andere aufmerksam zuhört. Auf ein Signal hin wechseln sie die Rollen, und der zweite Schüler antwortet, während der erste aufmerksam zuhört. Beim Wechsel der Rollen besteht die Herausforderung für den nun aktiven Schüler darin, den Gedankengang des ersten fortzusetzen oder zu vervollständigen, bevor er einen neuen Gedanken einführt. Mehrere Wechsel können stattfinden. Say and Switch ist besonders nützlich als Werkzeug, um das Verständnis zu überprüfen oder um Gelerntes zu wiederholen.

Beispielthema: Verantwortung für die Umwelt in der Industrie

Beginne:

> die Gesetzgebung sollte von den Herstellern verlangen, nur recyclebare Materialien zu verwenden. Die Technologie ist vorhanden und ...

(say)

Wechsle die Rolle (switch)

> ... wenn wir sie nicht anwenden, laufen wir Gefahr, unsere nicht erneuerbaren Rohstoffe zu erschöpfen. Allerdings wird das die Herstellungskosten erhöhen. Konsumenten werden eventuell nicht bereit sein, höhere Marktpreise zu zahlen. Eine andere Lösung könnte sein, ...

(... und führe den Gedanken weiter)

4 Runder Tisch

Runder Tisch **(Roundrobin)** (Kagan, 1990) ist eine kooperative Methode, bei der ein Blatt Papier und ein Stift systematisch an den nächsten in der Gruppe weitergegeben werden. Zum Beispiel notiert ein Schüler eine Idee/eine Lösung und gibt dann Papier und Bleistift an den linken Nachbar weiter, der die Idee weiter entwickelt oder eigene Ideen einbringt. Das Papier rotiert so lange, bis es wieder beim „Absender" ist. Dieser überprüft die verschiedenen Antworten und gleicht sie mit seiner eigenen ab.

Bei einer Variante dieses Verfahrens hat und behält jeder Schüler einen andersfarbigen Stift, während das Papier von einem zum nächsten weitergereicht wird. Damit wird sichtbar gemacht, dass alle sich einbringen. Für die Gruppe und für den Lehrer werden hiermit die individuellen Beiträge dokumentiert.

Persönliche Antwort/Stellungnahme: _____
Antwort Person 1: _____
Antwort Person 2: _____
Antwort Person 3: _____
Reflexion und Abgleich der verschiedenen Antworten _____

5 Das Drei-Schritt-Interview

Das **Drei-Schritt-Interview** (Kagan, 1990) ist eine kooperative Methode, bei der die Schüler sich gegenseitig zu einem bestimmten Thema interviewen. So befragt zum Beispiel in einem Dreierteam ein Schüler A den Schüler B, während Schüler C die wesentlichen Punkte der Antwort notiert. Die Rollen wechseln reihum nach jedem Interview, so dass jedes Teammitglied die Möglichkeit hat, interviewt zu werden.

In einer Vierergruppe können diese Schritte folgendermaßen aussehen:

1. A interviewt B währenddessen C parallel D interviewt
2. Sowohl A und B als auch C und D wechseln die Rollen
3. Die Vierergruppe kommt wieder zusammen und jeder berichtet der Gruppe von der Antwort des eigenen Partners.

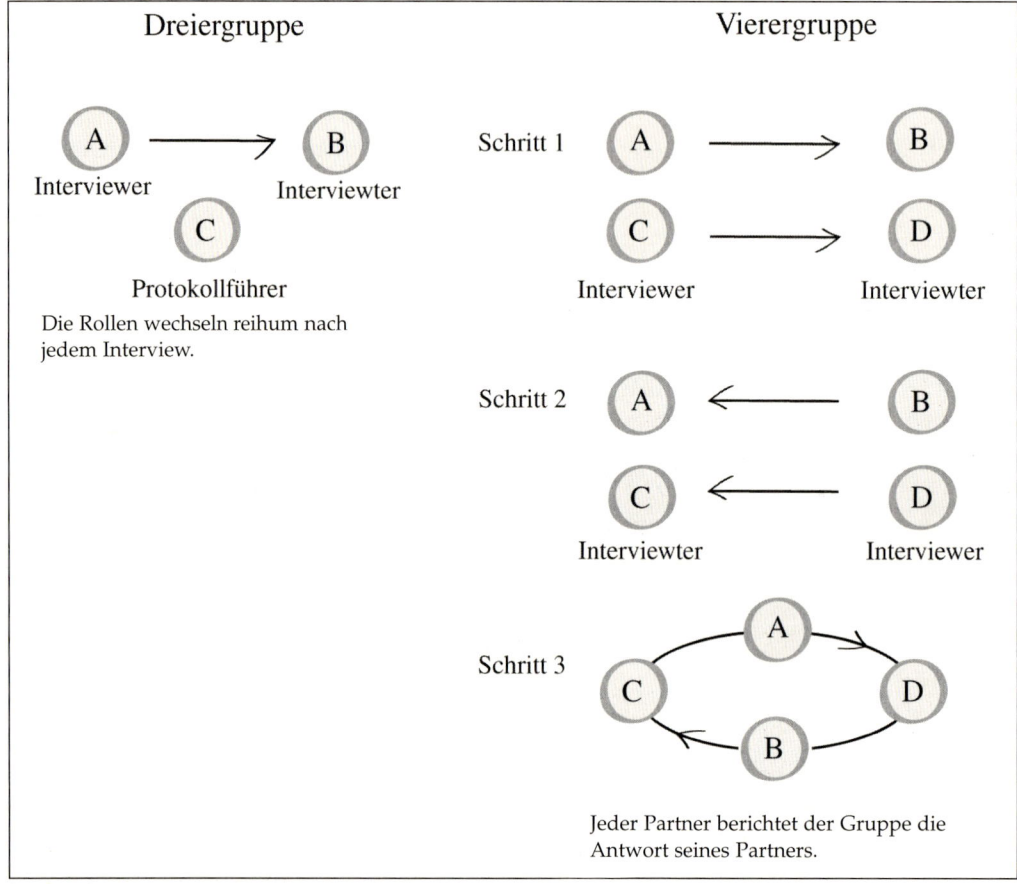

Das Drei-Schnitt-Interview

Das Drei-Schritt-Interview kann in jede Art von Unterricht integriert werden; das Thema des Interviews kann jeden Gegenstand behandeln. Zum Beispiel kann dieses Werkzeug dazu verwendet werden:

– als Vorbereitung – „Welche Fragen möchtest du zu diesem Thema erörtern?" oder „Was weißt du schon über dieses Thema?"

– um persönliche Erfahrungen oder Meinungen auszutauschen – „Welche drei Eigenschaften schätzt du bei einem Freund am meisten und warum?"; „Wenn du in der Zeit reisen könntest, wohin und in welche Zeit würdest du gehen? Welche sozialen Veränderungen würdest du vornehmen?"

- um das in einer Stunde Gelernte zusammen zu fassen – „Worüber möchtest du mehr wissen als Ergebnis der heutigen Stunde?"; „Welches war der für dich wichtigste Gedanke der heutigen Stunde und warum? Wie wirst du das heute Gelernte anwenden?"

- um Hausaufgaben zu wiederholen – „Welches waren die wichtigsten Punkte der gestrigen Hausaufgabe?"; „Was war das Interessanteste der Hausaufgabe, was das Schwierigste?"

- um Gedanken für ein Thema zu entwickeln – „Wie steht deine Familie zu Umweltfragen?; Wie hast du die Mathe-Aufgabe gelöst?; Welche Hypothese oder Prognose hast du in diesem Punkt?"

Das Drei-Schritt-Interview stellt eine sehr wirksame Vorgehensweise dar, um eine Reihe von sozialen und kommunikativen Fertigkeiten zu üben, wie aktives Zuhören, paraphrasieren und die Verwendung offener Fragen, nachfragen oder klärende Fragen stellen.

6 „Platzdeckchen"

Der Vorteil dieser kooperativen Methode „Platzdeckchen" (**Placemat**) besteht darin, dass alle Gruppenmitglieder unverzüglich nach Klärung der Aufgabenstellung simultan zu arbeiten anfangen können. Das Basiselement „Positive gegenseitige Abhängigkeit" kommt durch das Auskommen mit einem Arbeitsblatt für die gesamte Gruppe und durch das Benutzen verschiedenfarbiger Stifte pro Teilnehmer zum Tragen.
Im Einzelnen vollzieht sich die Aktivität folgendermaßen:

- Jedes Team legt das Arbeitsplakat in die Mitte des Gruppentisches. Je nach Teilnehmerzahl wird das Plakat unterschiedlich gestaltet (s. unten)

- Die Lehrkraft erläutert die Aufgabenstellung.

- Jedes Gruppenmitglied schreibt sein persönliches Statement in seinen Bereich auf dem Plakat, evtl. – wie erwähnt – jeder mit einem andersfarbigen Stift.

- Die Gruppenmitglieder sichten die verschiedenen Statements durch Drehen der Placemat. Durch diskursive Prozesse kommen sie schließlich zu einem Gruppenkonsens, den sie zum Schluss in die Mitte des Plakates schreiben.

Placemat für eine Vierergruppe **Placemat für eine Dreiergruppe**

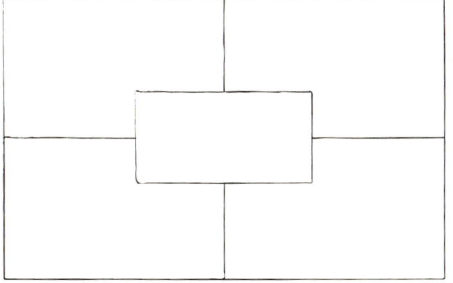
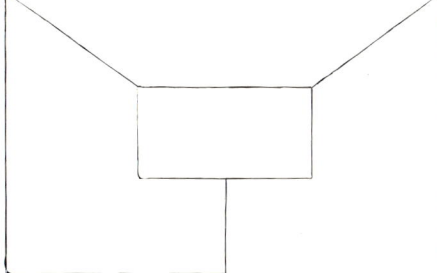

7 Partner-Check

Die kooperative Methode **Pairs Check** (Kagan 1990) dient dazu, gemeinsam Wissen zu erwerben und Lösungen im Team zu optimieren.
Die einzelnen Schritte vollziehen sich folgendermaßen:

- Die kooperativen Kleingruppen bestehen aus vier Teilnehmern.
- Aus der Kleingruppe formieren sich Zweierteams.
- Partner 1 beantwortet die erste Frage, während Partner 2 den Coach spielt: unterstützt, berät und überprüft, ob die Aufgabe richtig ist.
- Wenn die Aufgabe richtig ist, wird der Partner gelobt und die Rollen werden getauscht.
- Wenn alle Fragen auf diese Art und Weise bearbeitet sind, finden sich die Paare wieder als Vierergruppe zusammen und vergleichen ihre Antworten.
- Gibt es bei bestimmten Lösungen keine Übereinstimmung, versucht das Team, diese diskursiv herzustellen.
- Sind alle Aufgaben korrekt gelöst, feiert das Team seinen Erfolg.

Partner-Check

Fach: Fach:
Datum: Datum:
Name: Name:

1. Person A, beantworte die erste Frage, Person B, du bist der Coach.
2. Person B, wenn du mit der Antwort von A einverstanden bist, gib Rückmeldung (mach ein Häkchen in den Kasten) und lobe kräftig!
3. Person B, du beantwortest jetzt die zweite Frage, Person A, du bist jetzt Coach.
4. Person A, wenn B's Antwort richtig ist, lobe kräftig.
5. Vergleicht zum Schluss eure Antworten mit dem anderen Paar in eurem Team.
6. Wenn alle einverstanden und die Lösungen richtig sind, feiert euren Erfolg!

Aufgaben

1. ☑	5. ☐
2. ☐	6. ☐
3. ☐	7. ☐
4. ☐	8. ☐

8 Die Stammgruppen-Experten-Methode

Für die kooperative Methode „**Jigsaw**" (Johnson, Johnson & Holubec, 1990) ist kennzeichnend, dass Teammitglieder durch ein bestimmtes Verfahren Experten für einen bestimmten Teil eines Sachbereichs werden. Wenn z. B. in der Unterstufe in Biologie im Bereich „Haustierhaltung" das Thema „Martin bekommt ein Zwergkaninchen zu Weihnachten" behandelt wird, könnte **ein Gruppenmitglied sich um angemessene Nahrung** des Tieres kümmern, ein **zweites um artgerechte Haltung,** das **dritte um die richtige Pflege** und das **vierte** schließlich **um biologische Hintergründe** des Tieres. Nachdem die Gruppenmitglieder sich in ihren Teilbereichen Expertenwissen angeeignet haben, geht es dann darum, dieses Wissen der Gesamtgruppe zur Verfügung zu stellen. Bei dieser kooperativen Methode kommt deutlich das Grundprinzip kooperativen Lernens **„besser lernen durch selbst lehren" zum Tragen.** Zum anderen hat die Methode den Vorteil, dass in relativ kurzer Zeit eine Menge an Wissen und Informationen angeeignet und verarbeitet werden können. Folgendermaßen wird vorgegangen:

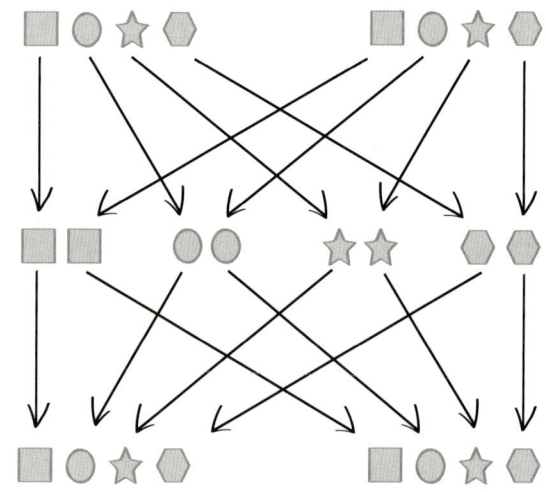

Die **kooperativen Stammgruppen** treffen sich.
Jedes Gruppenmitglied bekommt eine unterschiedliche Aufgabe.
Die **Expertengruppen** finden sich zusammen. Sie lesen die Texte, diskutieren sie, klären, fragen, stellen die wesentlichen Punkte zusammen und erarbeiten gemeinsam eine ansprechende Präsentation der Inhalte.
In der **kooperativen Stammgruppe** finden sich die Experten wieder ein. Jeder erläutert nacheinander seinem Team seinen spezifischen Lerninhalt.
Allgemeines Ziel ist, dass schließlich jedes Gruppenmitglied über jeden Teilbereich optimal informiert ist und diesen auch auf Aufforderung hin erläutern bzw. in einem Test erfolgreich sein kann.

9 Innerer – äußerer – Kreis

Bei dieser kooperative Methode Innerer – äußerer – Kreis (**Inside – Outside – Circle**) wird einmal mehr das Prinzip deutlich: Alle sind simultan in Lernprozesse eingebunden, die Schüler kommen ständig miteinander in Kontakt und lernen mit- und voneinander. Folgendes Procedere liegt dieser Methode zugrunde:

– Die Schüler bilden einen inneren und einen äußeren Kreis. Diejenigen im inneren Kreis schauen nach außen, diejenigen im äußeren Kreis schauen nach innen.

- Jeder ordnet sich einem Partner zu.
- Es wird eine Aufgabe oder ein Problembereich gestellt.
- Die Partner tauschen sich aus und entwickel gemeinsam eine Lösung.
- Nach einer gewissen Zeit gibt die Lehrkraft ein Signal, die Kreise bewegen sich weiter – z. B. „Der äußere Kreis geht drei Partner weiter nach rechts" – so dass sich neue Partnerkonstellationen ergeben, die entweder dieselbe Frage miteinander behandeln oder aber eine neue.

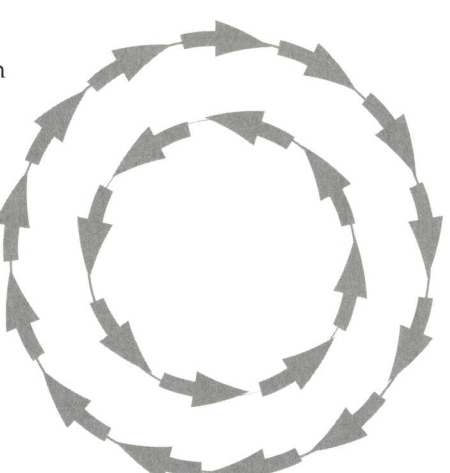

10 Galerie-Tour

Die kooperative Methode **Gallery Tour** dient der Reflexion, Durchdringung und Begutachtung der verschiedenen Gruppenergebnisse. Das Ziel ist, die verschiedenen Ergebnisse abzugleichen, um für alle schließlich optimale Gesamtergebnisse zu produzieren.
Die Gallery Tour vollzieht sich folgendermaßen:

- Die Arbeiten oder Projekte aller Teams werden an Pinn- oder Stellwänden ausgestellt.
- Die verschiedenen Teams gehen von Station zu Station.
- Sie begutachten und besprechen und diskutieren die jeweiligen Arbeiten.
- Eine gegenseitige Feedbackrunde beschließt diese Aktivität.

11 Finde den, der die Antwort weiß …

Auch bei dieser kooperativen Kagan-Methode „Finde den, der die Antwort weiß …" (**Find Someone Who Knows**) kommt das Prinzip zum Tragen: Voneinander und miteinander lernen, sich gegenseitig Wissen zur Verfügung stellen, um zu einem möglichst optimalen Gesamtergebnis für alle zu kommen.
Die Aktivität verläuft folgendermaßen:

- Jeder Schüler, jede Schülerin bekommt ein Arbeitsfrageblatt (s. folgende Seite)
- Die Schüler gehen durch den Raum und versuchen, Mitschüler zu finden, die ihnen eine Antwort auf eine Frage auf dem Arbeitsblatt geben können.
- Jede Antwort wird vom „Erzeuger" sofort per Unterschrift signiert und der Fragende paraphrasiert das, was er hört.
- Die Schüler sollten immer im Wechsel einmal Antwortende, dann Interviewer sein.

Finde jemanden, der weiß … Name: _____
Klasse: _____

Material

Name: _____

Name: _____

Name: _____

Name: _____

Name: _____

Name: _____

Name: _____

Name: _____

12 Team-Diskussion

Die Methode **Team Diskussion** (Kagan 1990) ist ein häufig verwendetes Element beim kooperativen Arbeiten.
Folgendermaßen wird vorgegangen:

- Die Lehrperson gibt eine Aufgabe, schildert ein Problem, das die Schüler lösen sollen
- Das Team befasst sich mit dem Problem und entwickelt Lösungsstrategien
- Die einzelnen Teams berichten ihre Lösungen der gesamten Klasse

13 Verschicke eine Aufgabe

Auch die kooperative Methode **Trade-A-Problem** (Kagan 1990) hebt darauf ab, an der Lösung einer Aufgabe möglichst viele Teilnehmer zu beteiligen, um bewusst viele verschiedene Stärken und Ressourcen zu nutzen, um ein anspruchsvolles Ergebnis für alle zu erzielen.
Der Ablauf dieser Aktivität vollzieht sich folgendermaßen:

- Jedes Team formuliert eine Problemfrage aus einem aktuell behandelten Bereich und schreibt sie auf einen Bogen Papier
- Dieses Papier wird nun von dem Team an ein anderes gegeben
- Jedes Team muss das Problem, das es präsentiert bekommt, so gut es kann lösen oder potentielle Bearbeitungsmöglichkeiten entwickeln
- Die Problemfragen können mehrere Male weitergegeben und bearbeitet werden, bevor sie zur Originalgruppe zurückkehren
- Die Originalgruppe sichtet und reflektiert die verschiedenen Lösungen
- Die auf diese Weise optimierten Lösungen werden der gesamten Klasse zur Verfügung gestellt

Aufgabe/Problem zum Verschicken:

Antwort Team 1:

Antwort Team 2:

Optimale Lösung

Antwort Team 3:

Antwort Team 4:

14 Graffiti

Die kooperative Methode Erstellung eines Gruppenposters **Graffiti** (Gibbs 1987) dient dazu, zu verschiedenen Themenschwerpunkten in kurzer Zeit simultan eine Fülle von Ideen zu entwickeln
Die einzelnen Schritte dieser Methode vollziehen sich folgendermaßen:

- Ein Gesamtbereich wird in verschiedene Unterthemen aufgegliedert; diese werden auf Poster aufgebracht und auf Tischen ausgelegt

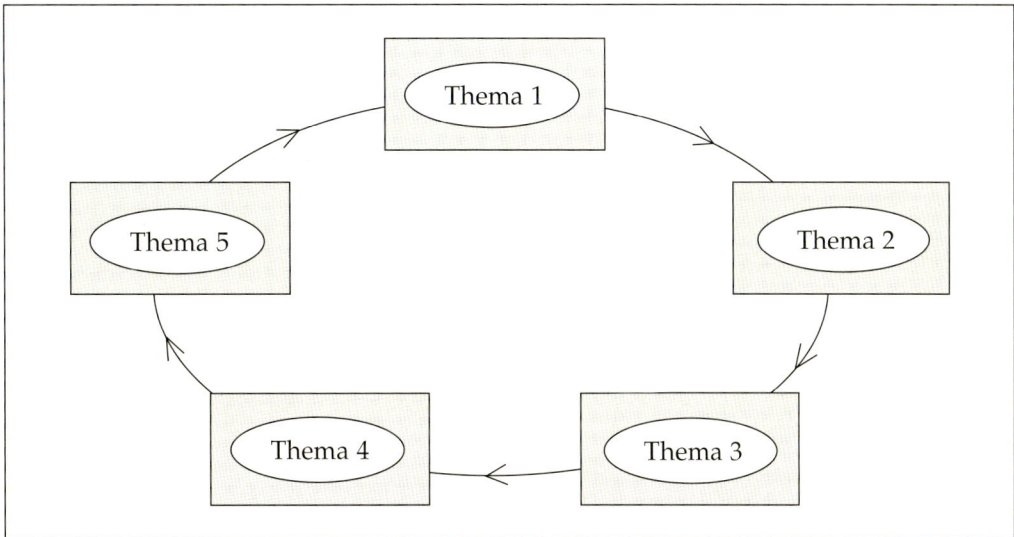

- Jedes Team beginnt bei einem der Unterthemen und schreibt für eine festgelegte Zeit Ideen (Stichwörter, Sätze, Visualisierungen) auf das Poster.
- Auf ein Kommando hin wechselt jedes Team zum nächsten Poster, um hier wieder eigene Ideen aufzubringen.
- Wenn jedes Team wieder bei seinem ursprünglichen Ausgangspunkt angekommen ist,
  - sichtet es die gesamten Statements auf dem Poster
  - diskutiert sie
  - kategorisiert sie und fasst zusammen
  - und präsentiert schließlich das Gesamtergebnis

15 4-S-Brainstorming

Beim **4-S-Brainstorming** oder **Brainwriting** (nach Kagan 1990) kommt es darauf an, in möglichst kurzer Zeit so viele Ideen wie möglich zu entwickeln, ohne sich geistige Schranken aufzuerlegen oder vorschnell zu bewerten und sich auf diese Weise zu blockieren.
Die Schüler gehen folgendermaßen vor:
Auf Karten oder Papierstreifen werden Ideen aufgeschrieben und diese dann für alle sichtbar ausgelegt oder an eine Tafel oder Pin-Wand geheftet.

Dabei gelten folgende „4-S" Regeln: (Speed, Suspend Judgement, Silly, Synergy)

- Sei schnell!
- Sieh zunächst von jeglicher Bewertung ab!
- Schreib alles auf, was dir in den Sinn kommt! Auch „Unsinn"!
- Schließe die Ideen anderer mit ein und baue sie aus!

VII Kooperatives Lernen im Gesamtrahmen der Schulentwicklung

1 Zwei grundlegende Fragerichtungen

Sieht man Kooperatives Lernen im Bezugsrahmen der Gesamtentwicklung einer Schule, so sind zwei Fragerichtungen interessant.
– **Wie sollte ein Schulzusammenhang organisiert sein, damit Kooperatives Lernen sich erfolgreich etablieren kann?**
Und im Gegenzug dazu:
– **Was kann Kooperatives Lernen für die Gesamtentwicklung einer Schule bewirken?**

In Bezug auf die erste Fragerichtung ist die prinzipielle Feststellung grundlegend:

> **Will man, dass Schüler erfolgreich kooperativ in kleinen Teams miteinander arbeiten, sollten auch die schulischen Strukturen kooperativ und demokratisch (und weniger dirigistisch oder hierarchisch) geartet und organisiert sein.**
> **Es gilt das Motto:**
> **Schule muss ein Modell dafür sein wozu sie erzieht!**

Im Wesentlichen heißt das hinsichtlich der organisatorischen und kommunikativen Abläufe und Strukturen einer Schule:

⇒ Schule muss – trotz gleicher gesetzlicher und rahmensetzender Vorstrukturierungen – als eine von allen Beteiligten vor Ort gestaltbare, veränderbare Einheit begriffen werden.

⇒ Über die eigenen schulischen Bedingungen und Wirkkräfte und deren positive wie negative Effekte muss systematisch (nicht nur informell „zwischen Tür und Angel") gesprochen, reflektiert und verhandelt werden.

⇒ Schule muss von allen Beteiligten vor Ort wachsam von Zeit zu Zeit „auf den Prüfstand" gestellt werden, es muss Rechenschaft abgelegt werden über den aktuellen Entwicklungsstand, um daraus bei Bedarf durch Absprachen und Aushandlungsprozesse Maßnahmen zur Verbesserung abzuleiten und diese schließlich zu implementieren.

⇒ Der Schulleitung kommt dabei eine wichtige integrative konstituierende Rolle/Funktion zu:

- Sie muss dafür sorgen, dass die eigene Schule zum Gesamtanliegen möglichst aller Kollegen, aller an Schule Beteiligten wird.
- „Wir und unsere Schule" (im Gegensatz zu „Ich und meine Klasse") muss zur Kultur, zum Stil des Hauses werden.
- Das heißt: die Schulleitung muss sensibel durch spezifische Maßnahmen ermöglichen, dass möglichst alle Betroffenen zu aktiv Beteiligten werden, indem sie ihre persönlichen Belange (auch Bedenken und Zweifel!) Kräfte, Stärken und Ressourcen einbringen können.

- Sie sollte den organisatorischen und kommunikativen Rahmen schaffen für professionellen Austausch zwischen den Kollegen (gegenseitige Hospitationsmöglichkeiten, regelmäßig stattfindende pädagogische Foren, Teamgespräche, gemeinsame Projekte …).
- Generell sollte die Schulleitung offen sein für neue, kreative Ansätze und Ideen und die Kollegen beim Ausprobieren von innovativen Elementen unterstützen und fördern, sie sollte bewusst Risiken und Ungewissheiten mittragen und den Kollegen umfassend den Rücken stärken.

Auf den Punkt gebracht stellt sich folgender Schulzusammenhang als günstige Voraussetzung für die erfolgreiche Implementation kooperativen Lernens dar:

> **Die Installierung erfolgreichen kooperativen Lernens lässt sich nicht administrativ anordnen!**
> **Im Sinne einer lernenden, selbstwirksamen Schule sollte eine rege, wache, offene symmetrische Kooperations- und Kommunikationsstruktur zwischen den an Schule Beteiligten ausgearbeitet sein und das Interesse und die Bereitschaft, mutig und innovativ voneinander und miteinander zu lernen.**

Hinsichtlich dessen, was die Installierung Kooperativen Lernens für den Gesamtzusammenhang einer Schule bewirken kann, ist Folgendes anzumerken:

⇒ Gemeinsam etwas Neues ausprobieren – nämlich Kooperatives Lernen installieren – fördert automatisch den kollegialen Austausch. Hier wird aktiv und tatkräftig dem problematischen – aber wohlbekannten – isolierten Vor-sich-hin-Arbeiten vorgebeugt, bei dem bekanntermaßen Lehrer zu isolierten Einzelkämpfern und Schüler demzufolge meist zu desorientierten Erziehungsobjekten werden.

⇒ Sich Einlassen auf Neues – konstruktiv und erfolgreich angegangen – schweißt zusammen. Alle sind Suchende und Lernende. Auf dem Hintergrund dieser Ausgangssituation sind geteilte Unsicherheiten und Ungewissheiten nur halb so schlimm, geteilte gemeinsame Erfolge allerdings doppelt so groß!

⇒ Die Schüler in kooperativen Klassen werden mit der Zeit in aller Regel selbstständiger in ihren Arbeitsweisen, die Lehrkräfte allmählich weniger intensiv wegen jeder Kleinigkeit gefordert und demzufolge gelassener. Dies wiederum hat positive Auswirkungen auf das Gesamtklima in der Klasse und auch im Kollegium.

⇒ Bindet man in den Innovationsprozess – wie oben erwähnt – möglichst viele an Schule Beteiligte, nämlich Kollegen aus den verschiedenen Disziplinen, vor allem auch Fachlehrer, Schüler, Eltern, Erzieher, Schulaufsicht usw. ein, so ist in aller Regel ein äußerst gewinnbringender Synergie-Effekt zu verzeichnen, der für alle mehr Kontinuität, Stärke, Sicherheit und Verbundenheit bedeutet.

2 Exkurs Kooperatives und soziales Lernen an einer Schule zur Erziehungshilfe

Die Abbildungen auf dieser und den folgenden Seiten entstanden im Kollegium der Privatschule Schnaittach. Sie zeigen das Sozialziele-Katalog-Projekt „SoZiKa" und das „TeamPinBoard".

Warum soziales Lernen?
Kinder und Jugendliche heute sind einem tiefgreifenden sozialen Wandel unterworfen, der sie verändert und besondere Anforderungen an sie stellt.

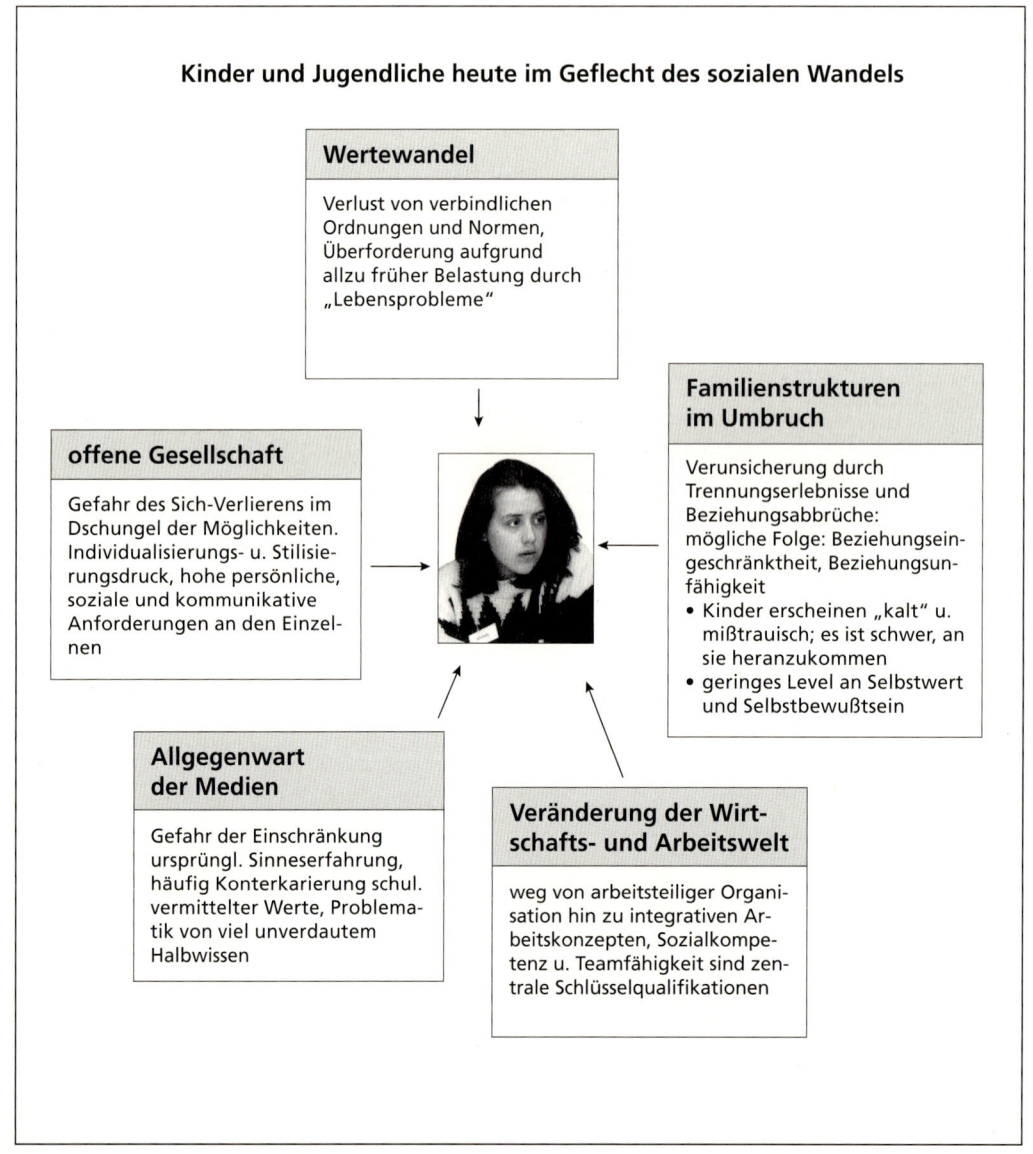

... und unsere pädagogischen Antworten darauf:

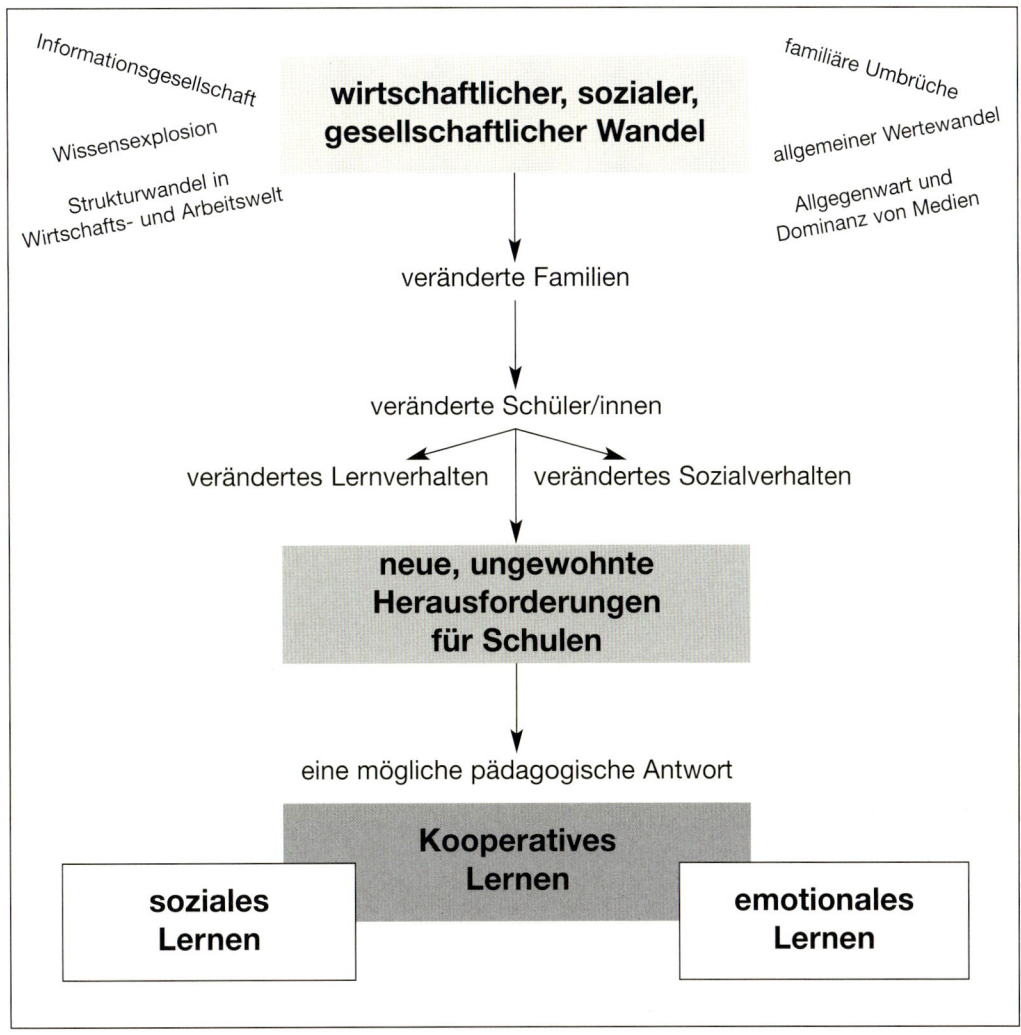

Welchen Stellenwert hat soziales Lernen bei uns?
Einer unserer zentralen Leitsätze gibt Auskunft darüber:

> Für uns als Schule zur Erziehungshilfe ist soziales Lernen ein zentrales Anliegen und wir betrachten und behandeln es als eigenständiges Lernfeld.

Diesen Leitsatz konkretisierten wir in folgendem Schulprogrammpunkt:

Sozialziele-Katalog – was ist das?
Ein verbindlicher, gemeinsam von Schülern und Lehrern erarbeiteter Verhaltenskodex als Mindeststandard unseres Umgangs miteinander, den wir nicht unterschreiten möchten.

> Im kommenden Schuljahr wollen wir gemeinsam einen für unsere Schule verbindlichen Sozialziele-Katalog erstellen und schulhausweit damit arbeiten. Er soll im Rahmen des sozialen Lernens dazu dienen, Verhalten zu reflektieren, zu modellieren und in konstruktiver Weise zu verbessern. Schüler, Lehrer, Eltern, Erzieherinnen und Erziehungsleiter sollen in diesen Prozess einbezogen werden, so dass wir uns gegenseitig in synergetischer Weise stärken.

Was beabsichtigen wir damit?
Schüler und Lehrer stärken nach dem Motto: Schüler – keine desorientierten Erziehungsobjekte, Lehrer – keine isolierten Einzelkämpfer.

Welches ist unser Ansatz?
Wir gehen davon aus, dass Kinder und Jugendliche durch die vorgenannten belastenden gesellschaftlichen Umbrüche oft nicht mehr wissen, wie förderliches Sozialverhalten konkret ausschaut.
Wir setzen deshalb auf eine positive Verhaltensregulation durch Aufzeigen von Positiv-Beispielen für bestimmtes spezifisches Verhalten. Wir wollen bewusst kein „Schulrecht" nach der Manier: Wenn du das tust, dann …!

Wie gehen wir vor?
Aufgreifen der Thematik als systematischen Schulentwicklungsprozess. Das heißt:
⇒ Bildung einer Projektgruppe „SoZiKa"

⇒ Zielsetzung:
- förderlicher, reibungsfreier Umgang aller miteinander,
- weniger Konflikte,
- steigende persönliche Zufriedenheit,
- bessere Lernchancen,
- bessere Vorbereitung für „draußen"

⇒ Analyse des Ist-Standes:
- Feldbeobachtungen
- Kollegen- und Schülerberichte
- Lehrer- und Schülerfragebogen

⇒ Maßnahmen:
1. Erstellen einer Liste von Sozialzielen, von den essentiellen/basalen Zielen der Eingangsstufe bis zu den anspruchsvolleren und komplexeren der Oberstufe
2. Strukturieren und Operationalisieren der Sozialziele mit der T-Diagramm-Methode: (Die Schüler sind beim Auffinden von Indikatoren für die einzelnen Sozialziele aktiv beteiligt.)

Kritik in sozial verträglicher Weise äußern	
ich sehe	ich höre
• Augen auf den Sprecher gerichtet • Körper dem Sprecher voll zugewandt • „offener", freundlicher Gesichtsausdruck • keine herabwürdigende Mimik (Stirnrunzeln, Mundwinkel nach unten)	• bis dahin bin ich einverstanden, den nächsten Punkt solltest du noch mal erklären • Deine Meinung in den und den Punkten kann ich nicht teilen, weil … • das ist ein interessanter Standpunkt, ich glaube aber … • hier gehen unsere Meinungen auseinander, ich bin der Ansicht, dass … • ich denke, du hast bei dem Punkt Folgendes nicht bedacht …

3. „Abgearbeitete" Sozialziele in das Schülerbegleitheft eintragen, für jeden Kollegen zugänglich.

4. Wochenziel schulweit festlegen und im Sozialziele-Center im Schul-Foyer gut sichtbar aushängen.

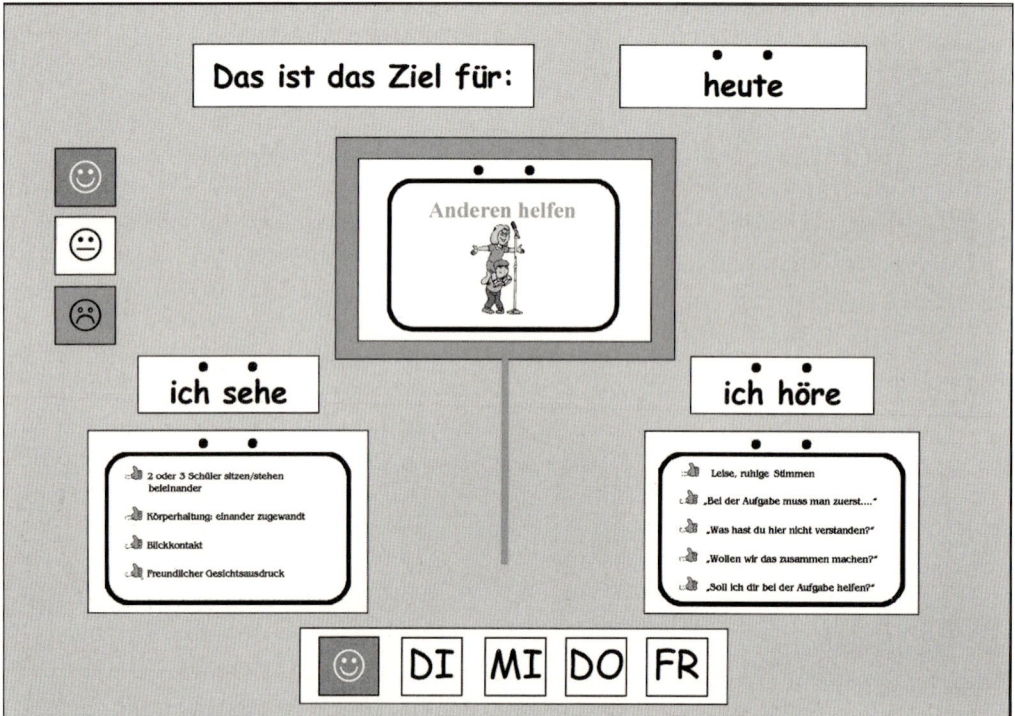

⇒ Dieses Sozialziel wird in dieser Woche schulhausweit in allen Klassen besonders thematisiert

⇒ Auf den verschiedenen Stufen altersspezifisch

⇒ Handreichungen dazu in Form von Unterrichtssequenzen erarbeitet die Projektgruppe

⇒ Jeder Schüler führt eine Sozialziele-Mappe, in der ausgearbeitete, operationalisierte, schülerverständliche Verhaltensmodelle für die einzelnen Bereiche gesammelt und bei Bedarf immer wieder nachgeschlagen und aufgefrischt werden können

⇒ Aktuelles Sozialziel wird sowohl den Eltern als auch den Erzieherinnen und Erziehungsleitern (Heim- und Tagesstättenbereich) bekannt gemacht und in seiner Inhaltlichkeit erläutert.

⇒ Schulhausweiter Eltern- und Erzieher-Abend zum Projekt „SoZiKa" → Transparentmachen des Anliegens → Ziel: Zusammenarbeit, gegenseitiges Stützen, „Ziehen am gleichen Ende vom Strang", gegenseitige Erleichterung im schwierigen Erziehungsgeschäft, Erleben von Kontinuität für alle Beteiligten → Stabilisierungsfaktor insbesondere für unsere Schülerinnen und Schüler

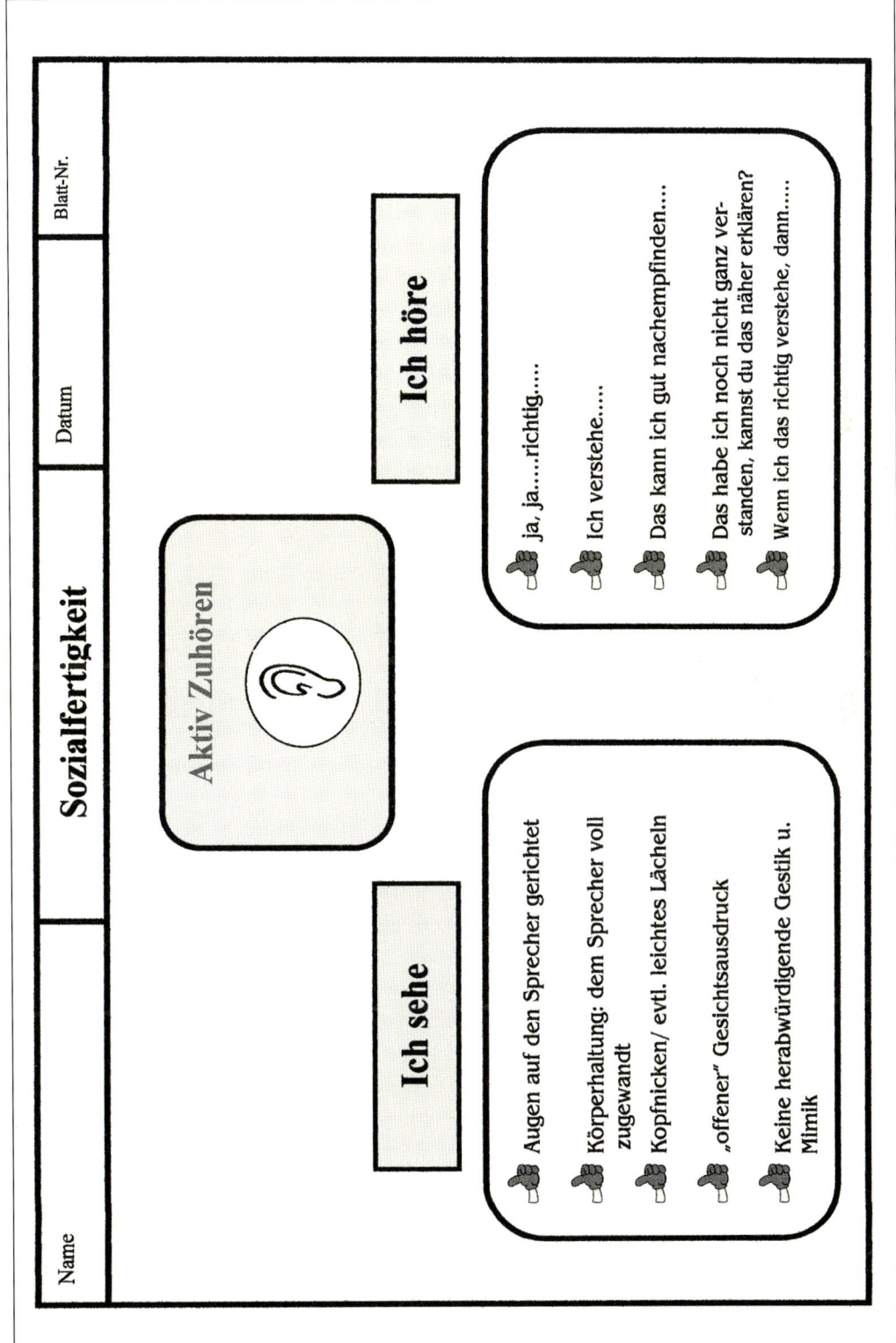

Dieses Formular wird von den Schülern ausgefüllt. Hier sind ihre Vorschläge gefragt!

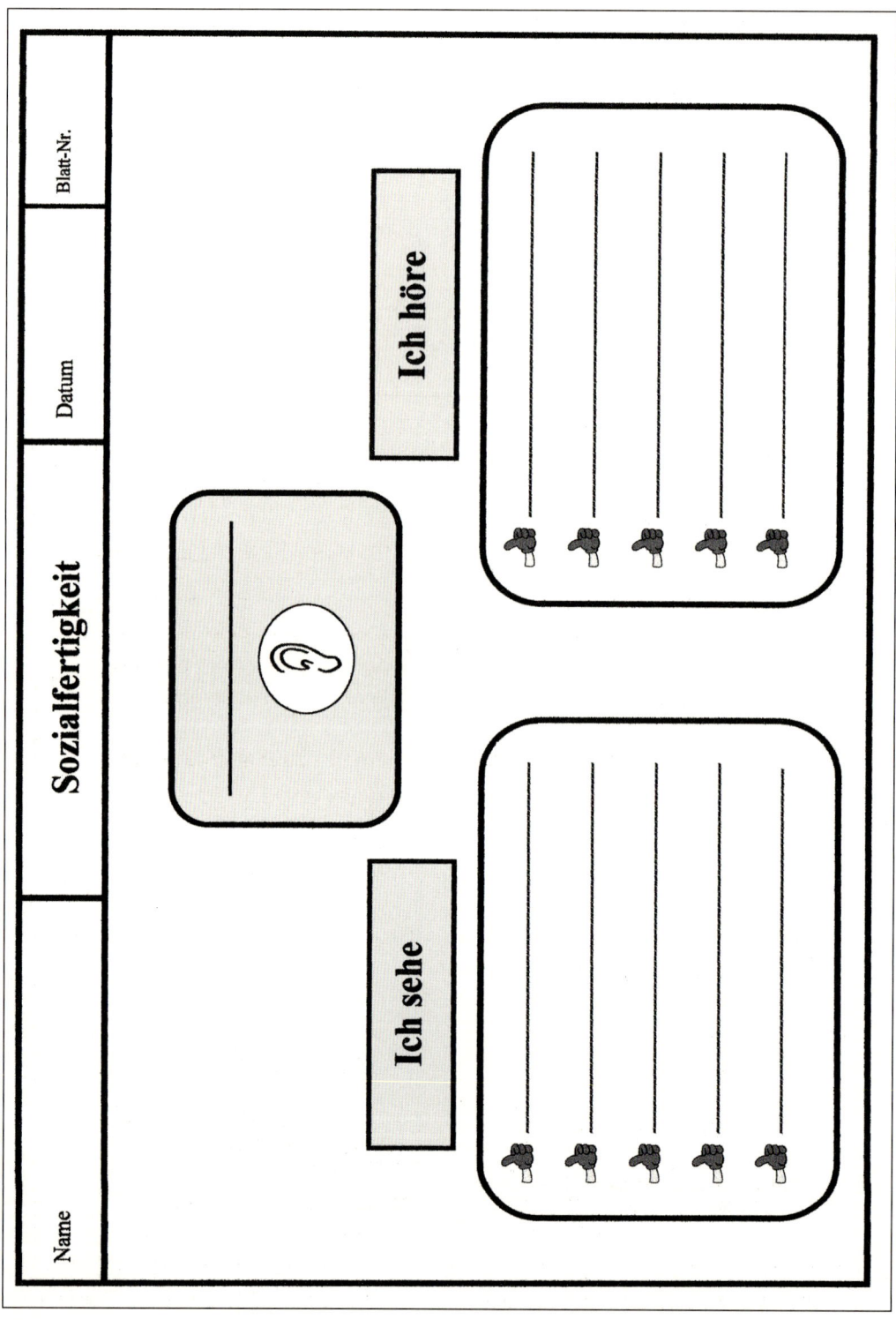

Liebe Eltern, liebe Erzieherinnen

Das Sozialziel dieser Woche vom _____ bis _____ ist:

Aktiv Zuhören

➢ Warum dieses Ziel für Ihr Kind wichtig ist:

_____
_____
_____

➢ Folgender Ist-Stand lässt sich zur Zeit in der Klasse beobachten:

_____
_____
_____
_____

➢ Diese Verhaltensweisen sind unser Ziel (Dies kann man <u>sehen</u> und <u>hören</u> von jemandem, der das Sozialziel erfüllt):

sehen	hören
👍 Augen auf den Sprecher gerichtet	👍 „Ja, ja.....richtig.....“
👍 Körperhaltung: dem Sprecher voll zugewandt	👍 „Ich verstehe.....“
👍 Kopfnicken/ evtl. leichtes Lächeln	👍 „Das kann ich gut nachempfinden..“
👍 „offener“ Gesichtsausdruck	👍 „Das habe ich noch nicht ganz verstanden, kannst du das näher erklären?“
👍 Keine herabwürdigende Gestik u. Mimik	👍 „Wenn ich das richtig verstehe, dann.....“

Regeln für gutes aktives Zuhören

Regel	Wie kannst du zeigen, dass du die Regel beherrscht? Was musst du konkret tun?
1. Unterbrich den Sprecher nicht!	Ich melde mich und warte so lange, bis der Sprecher ausgeredet hat
2. Trage dazu bei, dass der Sprecher sich wohlfühlt!	Ich schaue ihn an, mache ein freundliches Gesicht und bin ganz leise
3. Zeig, dass du zuhören möchtest!	Ich wende mich voll dem Sprecher zu, rede nicht mit meinem Nachbarn und krame nicht in meinen Sachen
4. Versuch, dich in den Sprecher einzufühlen.	Wenn er z. B. aufgeregt ist und sich verspricht, lache ich bewusst nicht
5. Sei geduldig!	Auch, wenn es etwas länger dauert und ich nicht mit allem, was gesagt wird, einverstanden bin, bleibe ich ruhig und schimpfe nicht
6. Halt dein Temperament in Schach!	Benutze keine beleidigenden Ausdrücke und flippe nicht aus.
7. Stelle Fragen!	Ich höre gut zu und frage immer nach, wenn ich etwas nicht verstanden habe.
8. Sei fair und respektvoll mit deiner Kritik!	Ich sage z. B.: „Das sehe ich anders …, nämlich …" oder „Was du da gesagt hast, kann ich nicht ganz glauben, ich denke eher…"
9. Gib mit deinen Worten wider, was der Sprecher gesagt hat!	Ich passe genau auf und überprüfe, ob ich das widergeben kann, was der Sprecher gesagt hat.

VIII Literaturverzeichnis

Aurin (Hrsg.): Gute Schulen – worauf beruht ihre Wirksamkeit? Bad Heilbrunn 1990

Baethge, W.: Individualisierung als Hoffnung und als Verhängnis. In: Soziale Welt 36 (1985)
Bastian, J.: Pädagogische Schulentwicklung. In: Pädagogik 2/1997, S. 6–11
Becker, G.: Aufwachsen und Erwachsenwerden. In: Beiträge aus dem Arbeitskreis „Qualität von Schule", Hessisches Institut für Bildungsplanung und Schulentwicklung (HIBS), H. 6, Wiesbaden 1992
Bennett, B./Green, N.: Effect of the Learning Consortium: One District's Journey. In: School Effectiveness and School improvement, Vol 6/1995
Bennett, B./Rolheiser, C./Stevahn, L.: Where Heart Meets Mind. Toronto, Ontario (published by Educational Connections) 1991
Bennett, B./Smilanich, P.: Classroom Management – A Thinking and Caring Approach (published by Bookation Inc. Toronto, ON., and Perceptions, Edmonton, AB.) 1994
Biskup, C.: Was Kinder in Zusammenarbeit mit anderen lernen. In: Grundschule, Heft 4/1994
Bönsch, M.: Soziales Lernen in der Schule. In: schul-management, Heft 5/1994

Cohen, E. G.: Bedingungen für kooperative Kleingruppen. In: Huber, G. L. (Hrsg.): Neue Perspektiven der Kooperation. Ausgewählte Beiträge der internationalen Konferenz 1992 über Kooperatives Lernen. Hohengehren 1993
Craigen, J./Ward, Chr.: What's This Got To Do With Anything? – A Collection Of Group/Class Builders And Energizers. Production: VISUTronx, Canada 1996

Fauser, P. u. a.: Praktisches Lernen und Schulreform. In: Zeitschrift für Pädagogik, 34. Jg. 1988, Nr. 6
Fauser, P.: Praktisches Lernen. Ergebnisse und Empfehlungen. Referat in der Akademie für Lehrerfortbildung in Dillingen. März 1993
Fend, H.: Schulklima. Soziale Einflußprozesse in der Schule (Soziologie der Schule III). Weinheim 1977
Fölling-Albers, M.: Kinder brauchen Kinder – Soziales Lernen in der Grundschule. In: Grundschule Heft 4/1994
Fölling-Albers, M.: Schulkinder Heute. Weinheim und Basel 1992
Francis, D./Young, D.: Mehr Erfolg im Team. Hamburg 1989
Friede, Ch. K.: Sozialkompetenz als Ziel der Berufserziehung – begriffsanalytisch betrachtet. In: Zeitschrift für Berufs- und Wirtschaftspädagogik, Heft 4/1994

Gräsel, C. & Gruber, H.: Kooperatives Lernen in der Schule. Theoretische Ansätze – Empirische Befunde – Desiderate für die Lehramtsausbildung. In: Seibert, N. (Hrsg.): Unterrichtsmethoden, Bad Heilbrunn 2000
Graves, N. & Graves, T. (Eds.): Cooperative learning. A resource guide. Cooperative Learning, 11/1990
Graves, N. & Graves, T.: What is cooperative learning? Tips for teachers and trainers. Cooperative College of California, Santa Cruz, CA 1990
Green, N./Heckt, D. H.: Was ist Kooperatives Lernen? In: Grundschule, Heft 12/2000
Gudjons, H. (Hrsg.): Handbuch Gruppenunterricht. Weinheim und Basel 1993

Herz, O.: Warum sich Schule ändern wird. In: Beiträge aus dem Arbeitskreis „Qualität von Schule", Hessisches Institut für Bildungsplanung und Schulentwicklung (HIBS), H. 6, S. 75-84

Huber, G. L.: Kooperatives Lernen. Theorie und praktische Herausforderung für die Pädagogische Psychologie. In: Zeitschrift für Entwicklungspsychologie und Pädagogische Psychologie, Heft 19/1987

Huber, G. L.: Lernen in kooperativen Arrangements. In: Duit, R./v. Rhöneck, C. (Hrsg.): Ergebnisse fachdidaktischer und psychologischer Lehr-Lern-Forschung, Kiel 2000

Huber, G. L.: Lernprozesse in Kleingruppen. Wie kooperieren die Lerner? In: Unterrichtswissenschaft, Heft 23/1995

Huber, G. L. (Hrsg.): Neue Perspektiven der Kooperation. Ausgewählte Beiträge der internationalen Konferenz 1992 über Kooperatives Lernen. Hohengehren 1993

Johnson, D. W. & Johnson, R. T.: Leading the cooperative school (2nd ed.), Interaction Book Company, Edina, MN 1994

Johnson, D. W., Johnson, R. T. & Holubec, E. J.: Cooperation in the classroom (6th ed.), Interaction Book Company, Edina, MN 1993

Kagan, Sp.: Cooperative learning resources for teachers. San Juan Capistrano, CA 1990

Kagan, Sp.: The structural approach to cooperative learning. Educational Leadership,

Kleindiek, G.: Kooperatives Lernen von Anfang an. In: Grundschule, Heft 12/2000

Klippert, H.: Methoden-Training. Weinheim und Basel 1997

Klippert, H.: Schule entwickeln – Unterricht neu gestalten. In: Pädagogik 2/1997

Klippert, H.: Teamentwicklung im Klassenraum. Weinheim und Basel 1998

Knoll, J.: Kleingruppenarbeit. Anregen und zentrieren. In: Pädagogik, Heft 6/1995

Konrad, K. & Traub, S.: Kooperatives Lernen. Theorie und Praxis in Schule, Hochschule und Erwachsenenbildung. Hohengehren 2001

Meyer, E. & Winkel, R. (Hrsg.): Unser Konzept: Lernen in Gruppen, Hohengehren 1991

Meyer, E.: Gruppenunterricht. Hohengehren 1996

Meyer, H.: Unterrichtsmethoden. Bd. I und II, Berlin 1987

Miller, R.: Sich in der Schule wohlfühlen. Weinheim und Basel 1992

Miller, R.: Schule selbst gestalten. Bd. 1: Beziehung und Interaktion. Weinheim/Basel 1996

Münchmeier, R.: Jugend heute – Zum Strukturwandel der Jugendphase. In: Schulleiter-Handbuch, Bd. 66, 1993

Pallasch, W./Schulze, G.: Training der Gruppenfähigkeit. In: Herse, H. u. a. (Hrsg.): Kommunikation und Kooperation im Unterricht. Hohengehren 1992

Philipp, E.: Teamentwicklung in der Schule – Konzepte und Methoden. Weinheim und Basel 1998

Poppe, M.: Lernort Schule – lebensnah gestalten. In: schul-management, Heft 2/1995

Prior, H.: Sozialformen des Unterrichts. In: Enzyklopädie Erziehungswissenschaft. Bd. 4, Stuttgart 1995

Renkl, A./Mandl, H.: Kooperatives Lernen. Die Frage nach dem Notwendigen und dem Ersetzbaren. In: Unterrichtswissenschaft 23/1995

Rolheiser, C. (Editor): Self Evaluation – Helping Students Getting Better At It. (partnership of the Ontario Institute for Studies in Education of the University of Toronto and the Durham Board of Edacation) 1996

Rosenbusch, H.: Reform der Schulaufsicht. In: schul-management, Heft 5/1993

Schratz, M./Steiner-Löffler, U.: Die Lernende Schule. Arbeitsbuch pädagogische Schulentwicklung. Weinheim und Basel 1999
Schratz, M.: Gemeinsam Schule lebendig gestalten – Anregungen zu Schulentwicklung und didaktischer Erneuerung, Weinheim und Basel, 1996
Shachar, H./Sharan, S.: Cooperative Learning and the Organization of Secondary Schools. In: School Effectiveness and School Improvement 195, Vol. 6, No. 1, pp. 47-66
Sharan, S. (Ed.): Cooperative Learning. Theory and research, New York 1990
Slavin, R. E.: Cooperative Learning, New York 1983
Slavin, R. E.: Kooperatives Lernen und Leistung. Eine empirisch fundierte Theorie. In: Huber, G. L. (Hrsg.): Neue Perspektiven der Kooperation. Ausgewählte Beiträge der internationalen Konferenz 1992 über Kooperatives Lernen. Hohengehren 1993
Steffens, U./Bargel, T.: Erkundungen zur Qualität von Schule, Neuwied, Berlin 1993
Steffens, U./Bargel, T.: Erkundungen zur Qualität von Schule. Beiträge aus dem Arbeitskreis „Qualität von Schule", Hessisches Institut für Bildungsplanung und Schulentwicklung (HIBS), H. 1, Wiesbaden 1987
Stöger, G.: Besser im Team. Weinheim/Basel 1996
Struck, P.: Erziehung von gestern, Schüler von heute, Schule von morgen, München/Wien 1997
Struck, P.: Neue Lehrer braucht das Land. Ein Plädoyer für eine zeitgemäße Schule, Darmstadt 1994

Voigt, B.: Team und Teamentwicklung. In: Organisationsentwicklung 3/1993

Weber, H./Röschmann, D.: Arbeitskatalog Übungen und Spiele. Ein Verzeichnis von über 800 Gruppenübungen und Rollenspielen (Bd. 1, 5. Aufl.), Hamburg 1996
Weibel, L.: Schule als pädagogische Einheit. In: PädF 7/1996
Weidner, M.: Durch Gruppenunterricht zur Teamfähigkeit. In: PRAXIS SCHULE 5–10, Heft 5/1998
Weidner, M.: Gemeinsam zum Schulprogramm. Kooperatives Lernen als zentrales Element der Schulentwicklung. In: Grundschule, Heft 12/2000
Weidner, M.: Kooperatives Lernen als Basis für gelungene Projektarbeit. Projektunterricht als konzeptioneller Baustein an einer Schule zur Erziehungshilfe. In: PRAXIS SCHULE 5–10, Heft 10/2001
Weidner, M.: Manche Dinge geh'n halt nicht allein. Kooperative Lernformen an einer Schule zur Erziehungshilfe. Ein Erfahrungsbericht. In: INTERNA, Heft 2/1999
Weidner, M.: Wieder mit Genuss lernen. In: PRAXIS SCHULE 5–10, 2/2000
Wentzel, K.: Social competence at school: Relation between social responsibility and academic achievement. Review of Educational Research, 61/1992

Durch eine ganze Reihe gesellschaftlicher, wirtschaftlicher und sozialer Umbrüche haben sich die Lebenswelten unserer Kinder und Jugendlichen drastisch verändert. Dies zeigt sich in den Schulen durch ein deutlich gewandeltes (oft problematisches) Lern- und Sozialverhalten vieler Schüler.

Neue, ungewohnte Herausforderungen kommen deshalb heute auf die Schulen zu und führen in den Kollegien zu ganz unterschiedlichen Reaktionen. Angefangen von Frust und Abwehr: „Die Eltern sollen ihre Kinder erst mal richtig erziehen, dann kann ich auch wieder unterrichten", bis hin zur Bereitschaft, die eigenen Strukturen, Organisationsabläufe und Arbeitsweisen auf „Tauglichkeit" für heutige Schüler zu prüfen und Veränderungen im eigenen Handeln vorzunehmen.

Das vorliegende Buch schildert den Versuch, Schule und Unterricht im zuletzt genannten Sinn zu hinterfragen und zu gestalten. Seit 1996 haben wir – angeregt durch intensive Kontakte zum kanadischen Durham Board of Education – das Kooperative Lernen mit integriertem eigenständigen sozialen Lernen sukzessive in unserer Schule installiert. Heute, nach etwa fünfjähriger Erprobung des Modells haben wir insgesamt sehr positive Erfahrungen gemacht; sowohl hinsichtlich deutlich erhöhter Sozialkompetenz unserer Schüler, was sich in einem allgemein netteren Umgang miteinander, erhöhter Team- und Konfliktfähigkeit zeigt, als auch hinsichtlich verbessertem Lern- und Leistungsverhalten.

Darüber hinaus hat die Auseinandersetzung mit dem Modell insgesamt zu einer verstärkten kooperativen Kultur in unserer Schule geführt.

Ein kanadischer Cartoon zeigt einen Mann, der seine Krücken wegwirft und offensichtlich wieder laufen kann unter dem Motto: Cooperative Learning – just a miracle! In einer professionellen pädagogischen Auseinandersetzung von Wundern zu sprechen, ist vielleicht fehl am Platz. Aber eine Klasse wieder mit Freude, Engagement und Beteiligung arbeiten zu sehen, mutet heute manchmal doch wie ein Wunder an. Das Kooperative Lernen kann ein Weg dahin sein.

Margit Weidner